科學人生觀

胡適 著

本書精選胡適先生的23篇精采文章，包括著名的「大膽假設，小心求證」、「自由主義」、「新生活」、「科學人生觀」……等最具特色的名篇！

關於・胡適

胡適（一八九一年十二月十七日～一九六二年二月二十四日），原名嗣穈，行名洪騂，字希疆，後改名適，字適之，筆名天風、藏暉、鐵兒等，安徽績溪上庄村人，因提倡文學革命而成爲新文化運動的領袖之一，曾擔任國立北京大學校長、中央研究院院長、中華民國駐美大使等職。

胡適興趣廣泛，著述豐富，在文學、哲學、史學、考據學、教育學、倫理學、紅學等諸多領域都有深入的研究。

一九一〇年（十九歲）考取庚子賠款第二期官費生赴美國留學，於康乃爾大學先讀農科，後改讀文科，一九一四年往哥倫比亞大學攻讀哲學，學於哲學家約翰·杜威。一九一七年（二十六歲）夏回國擔任北大教授。

歷任：一九一七年（二十六歲）北京大學教授、一九一九年（二十八歲）北大

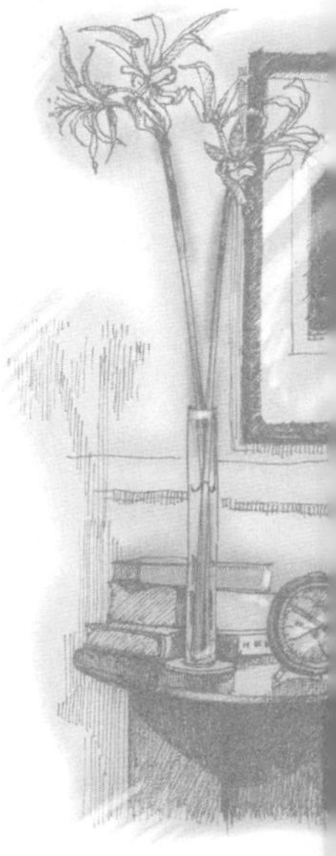

代理教務長、一九二二年（三十一歲）北大教務長、一九二八年四月至一九三三年中國公學校長、一九三二年（四十一歲）北大文學院院長、天主教輔仁大學教授及董事、一九三八年（四十七歲）中華民國駐美國特命全權大使、美國國會圖書館東方部名譽顧問、一九四六年（五十五歲）北京大學校長、中央研究院院士、普林斯頓大學葛思德東亞圖書館館長、一九五七年（六十六歲）中華民國中央研究院院長等職。胡適還是中國自由主義的先驅。

胡適深受赫胥黎與杜威的影響，自稱赫胥黎「教他怎樣懷疑」，杜威先生「教他怎樣思想」。因此胡適畢生宣揚自由主義，提倡懷疑主義，並以《新青年》月刊爲陣地，宣傳民主、科學。畢生倡言「大膽的假設，小心的求證」、「言必有徵」的治學方法。

思想與學術

胡適在美國哥倫比亞大學研讀期間，師從約翰·杜威，使其終生服膺實用主義（杜威式的pragmatism實用主義，胡適自譯爲實驗主義）哲學。一九一四年，他關心中國之急需，不在新奇之學說，高深之哲理，而在所以求學論事觀物經國之術。

他當時關心之問題，有泰西之考據學，致用哲學，和天賦人權之改革。一九一五年暑假，胡適對實用主義作有系統閱讀和研究後，決定轉向哥倫比亞大學向杜威學習哲學。

北大學生對教師素來挑剔，北京大學學生顧頡剛介紹傅斯年去聽胡適上課，以決定要不要將這個新來的留學生從北大哲學系趕走。傅斯年聽了幾次課以後，他評價胡適：「這個人，書雖然讀得不多，但他走的這一條路是對的，你們不能鬧。」於是胡適留在了北大哲學系。

胡適很喜歡「談墨」，他認爲「欲知一家學說傳授沿革的次序，不可不先考訂這一家學說產生和發達的時代。如今講墨子的學說，當先知墨子生於何時。」其中的兼愛思想成了胡適一生的品德。胡適還認爲「天人感應」是漢代儒教的根本教義，而這是受墨子「天志」的影響。

一九二一年，梁啓超將作品《墨子》箋注輯爲《墨經校釋》四卷，送請胡適作序。胡適在這篇長序讚美任公的貢獻，但也提出自己的看法。他認爲墨子不曾見到戰國名將吳起的死——吳起死時，墨子已去世多年，而且墨學已是一種宗教。任公常說：「績溪諸胡多才，最近更有胡適之」。

目錄

跟著自己的興趣走

……目前很多學生選擇科系時，從師長的眼光看，都不免帶有短見，傾向於功利主義方面。天份比較高的都跑到醫、工科去，而且只走入實用方面，而又不選擇基本科學，譬如學醫的，內科、外科、產科、婦科，有很多人選，而基本科學譬如生物、化學、病理學，很少青年人去選讀，這使我感到今日的青年不免短視，帶著近視眼鏡去看自己的前途與將來。

我今天頭一項要講的，就是根據我們老一輩的對選科系的經驗，貢獻給各位。

我先講一段故事：

記得四十八年前，我考取了官費出洋，我的哥哥特地從東三省趕到上海為我送行，臨行時對我說，我們家早已破壞中落了；你出國要學些有用之學，幫助復興家業，重振門楣。他要我學開礦或造鐵路，因爲這是比較容易找到工作的，千萬不要學些沒用文學、哲學之類沒飯吃的東西。我說好的，船就要開了，那時和我一起去美國的留學生共有七十人，分別進入各大學。

在船上我就想，開礦沒興趣，造鐵路也不感興趣，於是只好採取調和折衷的辦法，要學有用之學。

當時康乃爾大學有全美國最好的農學院，於是就決定進去學「科學的農學」，也許對國家社會有點貢獻吧！

那時進康大的原因有二：（一）康大有當時最好的農學院，且不收學費，而每個月又可獲得八十元的津貼；我剛才說過，我家破了產，母親待養，那時我還沒結婚，一切從命，所以可將部分的錢拿回養家。（二）我國百分之八十的人是農民，將來學會了科學的農業，也許可以有益於國家。

入校後頭一星期，就突然接到農場實習部的信，叫我去報到。那時教授便問我：「你有什麼農場經驗？」我答：「沒有。」、「難道一點都沒有嗎？」、「要有嘛，我的外公和外婆，都是道地的農夫。」教授說：「這與你不相干。」我又說：「就是因爲沒有，才要學呀！」後來他又問：「你洗過馬沒有？」我說：「沒有。」我就告訴他中國人種田是不用馬的。

於是，老師就先教我洗馬，他洗一面，我洗另一面。他又問我會套車嗎？我說也不會，於是他又教我套車，老師套一邊，我套一邊。套好跳上去，兜一圈子。接著就到農場做選種的實習工作，手起了泡，但仍繼續的忍耐下去。

農復會的沈宗瀚先生寫一本《克難苦學記》，要我和他做一篇序，我也就替他做一篇很長的序。我們那時學農的人很多，但只有沈宗瀚先生赤過腳下過田，是唯一確實有農場經驗的人。

學了一年，成績還不錯，功課都在八十五分以上。第二年我就可以多選兩個學分，於是我選種果學，即種蘋果學。分上午講課與下午實習。

上課倒沒有什麼，還甚感興趣。下午實驗，走入實習室；桌上有各色各樣的蘋果三十個，顏色有紅的、黃的、青的……形狀有圓的、長的、橢圓的、四方的……要照著一本手冊上的標準，去定每一蘋果的學名，蒂有多長？花是什麼顏色？肉是甜是酸？是軟是硬？弄了兩個小時。

弄了半個小時一個都弄不了，滿頭大汗，眞是冬天出大汗。抬頭一看，呀！不對頭，那些美國同學都做完跑光了，把蘋果拿回去吃了。他們不需剖開，因爲他們比較熟悉，查查冊子後面的普通名詞就可以定學名，在他們是很簡單。我只弄了一半，一半又是錯的。

回去就自己問自己學這個有什麼用？要是靠當時的活力與記性，用上一個晚上來強記，四百多個名字都可記下來應付考試。但試想有什麼用呢？那些蘋果在我國煙台也沒有，青島也沒有，安徽也沒有……

我認爲科學的農學無用了，於是決定改行，那時正是民國元年，國內正在革命的時候，也許學別的東西更有好處。

那麼，轉系要以什麼爲標準呢？依自己的興趣呢？還是看社會的需求？我年輕時候《留學日記》有一首詩，現在我也背不出來了。我選課用什麼做標準？聽哥哥的話？看國家的需要？還是憑自己？只有兩個標準：一個是「**我**」，一個是「**社會**」，看看社會需要什麼？國家需要什麼？中國現代需要什麼？

這個標準——社會上三百六十行，行行都需要，現在可以說三千六百行，從諾貝爾得獎人到修理馬桶的，社會都需要，所以社會的標準並不重要。

因此，在定主意的時候便要依著自我的興趣了；即性知所近，力之所能——我的興趣在什麼地方？與我性質相近的又是什麼？問我能做什麼？對什麼感興趣？我便照著這個標準轉到文學院了。

但又有一個困難，文科要繳費，而從康大中途退出，要賠出以前兩年的學費，我也顧不得這些。經過四位朋友的幫忙，由八十元減到三十五元，終於達成願望。

在文學院以哲學爲主，英國文學、經濟、政治學之門爲副。後又以哲學爲主，經濟理論、英國文學爲副科。到哥倫比亞大學後，仍以哲學爲主，以政治理論、英國文學爲副。

我現在六十八歲了，人家問我學什麼？我自己也不知道學些什麼，我對文學也感興趣，白話文方面也曾經有過一點小貢獻。在北大，我曾做過哲學系主任、外國文學系主任、英國文學系主任。中國文學系也做過四年的系主任，在北大文學院六個學系中，五系全做過主任。

現在我自己也不知道學些什麼，我剛才講過，現在的青年太傾向於現實了，不憑「性之所近、力之所能」去選課。

譬如一位有做詩天才的人，不進中文系學做詩，而偏要去醫學院學外科，那麼文學院便失去了一個一流的詩人，而國內卻添了一個三、四流甚至五流的飯桶外科醫生。這是國家的損失，也是你們自己的損失。

在一個頭等且第一流的大學，當初日本籌劃帝大的時候，眞是計劃遠大、規模宏偉；單就醫學院就比當初日本總督府還要大。科學的書籍都是第一號編起。基礎良好，我們接收已有十餘年了，總算沒有辜負當初的計劃。

今日台大可說是台灣唯一最完善的大學，各位不要有成見，帶著近視眼鏡來看自己的前途、看自己的將來。聽說入學考試時有七十二個志願可填，這樣七十二變，變到最後不知變成了什麼。

當初所塡的志願，不要當做最後的決定，只當做暫時的方向。要在大學一、二年的時候，東摸摸、西摸摸的瞎摸。不要有短視，十八、九歲的青年仍沒有能力決定自己的前途、職業。進大學後第一年到處去摸、去看、探險去，不知道的，我偏要去學。

如在中學時候的數學不好，現在我偏要去學，中學時不感興趣，也許是老師不好。現在去聽聽最好的教授的講課，也許會提起你的興趣。好的先生會指導你走上一個好的方向，第一、二年甚至於第三年還來得及，只要依著自己「性之所近，力之所能」的做法，這是清代大儒章學誠的話。

現在我再說一個故事，不是我自己的，而是近代科學的開山大師——伽利略（Galileo），他是義大利人，父親是一個有名的數學家，他的父親叫他不要學他這一行，學這一行是沒飯吃的，要他學醫，他奉命而去。

當時義大利正是文藝復興的時候，他到大學以後曾被教授和同學捧譽爲「天才的畫家」，他也很得意。父親要他學醫，他卻發現了美術的天才。

他讀書的佛羅倫斯地方是一工業區，當地的工業界首領希望在這大學多造就些科學人才，鼓勵學生研究幾何，於是在這大學裡特爲官兒們開設了幾何學一科，聘請一位叫李奇氏（Ricci）當教授。

有一天，他打從那個地方過，偶然的定腳在聽講。有的官兒們在打瞌睡，而這位年輕的伽利略卻是非常感興趣，於是不斷地一直繼續聽下去。趣味橫生了，便改學數學。

由於濃厚的興趣與天才，就決心去東摸摸、西摸摸，待摸出一條興趣之路，創造了新的天文學、新的物理學，終於成為一位近代科學的開山大師。

大學生選擇學科就是選擇職業。我現在六十八歲了，我也不知道所學的是什麼？希望各位不要學我這樣老不成器的人。

勿以七十二志願中所塡的一願就定了終身，還沒有的，就是大學二、三年也還沒定。各位在此完備的大學裡，得有這麼多好的教授人才來指導，應趁此機會加以利用才是。

社會上需要什麼，不要管它。家裡的爸爸、媽媽、哥哥、朋友等，要你做律師、做醫生，你也不要管他們；不要聽他們的話，只要跟著自己的興趣走。

想起當初我哥哥要我學開礦、造鐵路。我也沒聽他的話，自己變來變去成一個老不成器的人。後來我哥哥也沒說什麼，只管我自己，別人不要管他。

依著「性之所近，力之所能」學下去，其未來對國家的貢獻，也許比現在盲目所選的，或被動選擇的學科會大得多，將來前途也是無可限量的。

人生有何意義？

答某君書

……我細讀來書，終覺得你不免作繭自縛。你自己去尋出一個本不成問題的問題——**「人生有何意義？」**其實這個問題是容易解答的。

人生的意義，全是各人自己尋出來、造出來的；高尚、卑劣、清貴、汙濁、有用、無用……全靠自己的作爲。生命本身不過是一件生物學的事實，有什麼意義可說？一個人與一隻貓、一隻狗，有什麼分別？

人生的意義不在於何以有生，而在於自己怎樣生活。你若情願把這六尺之軀葬送在白晝做夢之上，那就是你這一生的意義。你若發憤振作起來，決心去尋求生命的意義，去創造自己的生命的意義；那麼，你活一日便有一日的意義，做一事便添一事的意義；生命無窮，生命的意義也無窮了。

總之，生命本沒有意義，你要能給他什麼意義，他就有什麼意義。與其終日冥想人生有何意義，不如試用此生做點有意義的事……

爲人寫扇子的話：

知世如夢無所求，無所求心普空寂。
還似夢中隨夢境，成就河沙夢功德。

王荊公小詩一首，眞是有得於佛法的話。認爲人生如夢，故無所求，但無所求不是無爲。人生固然不過一夢，但一生只有這一場做夢的機會，豈可不努力做一個轟轟烈烈像個樣子的夢？豈可糊糊塗塗、懵懵懂懂混過這幾十年嗎？

防身的錦囊

這一、兩個星期裡，各地的大學都有畢業的班次、都有很多的畢業生離開學校去開始他們的成人事業。

學生的生活是一種享有特殊優待的生活，不妨幼稚一點、不妨吵吵鬧鬧；社會都能縱容他們，不肯嚴格的要他們負行爲的責任。現在他們要撐起自己的肩膀來挑他們自己的擔子了。

在這個國難最緊急的年頭，他們的擔子眞不輕！在我們祝他們成功的同時，也不忍不依據我們自己的經驗，贈與他們幾句送行的贈言——雖未必是救命毫毛，也許尙能做個「防身的錦囊」吧！

你們畢業之後，可走的路不出幾條；絕少數的人還可以在國內或國外的研究院繼續做學術研究；少數的人可以尋著相當的職業；此外還有做官、辦黨、革命三條路；此外就是在家享福或者失業閒居了。第一條繼續求學之路，我們可以不討論。走其餘幾條路的人，都不能沒有墮落的危險。墮落的方式很多，總括起來，約有這兩大類。

第一、是容易拋棄學生時代的求知識的慾望。

你們到了實際社會裡，往往所用非所學、往往所學全無用處；往往可以完全用不著學問，而一樣可以胡亂混飯吃、混官做。

在這種環境裡，即使向來抱有求知識學問的決心的人，也不免心灰意懶，把求知的慾望漸漸冷淡下去。況且學問是要有相當設備的，書籍、試驗室、師友的切磋指導、閒暇的工夫，都不是一個平常要糊口養家的人所能容易辦到的。沒有做學問的環境，又怎能怪我們拋棄學問呢？

第二、是容易拋棄學生時代的理想人生的追求。

少年人初次與冷酷的社會接觸，容易感覺理想與事實相去太遠，容易發生悲觀和失望。多年懷抱的人生理想、改造的熱誠、奮鬥的勇氣，到此時候，好像全部是那麼一回事，渺小的個人在那強烈的社會爐火裡，往往經不起長時期的烤煉就融化了，一點高尚的理想不久就幻滅了。

抱著改造社會的夢想而來，往往是棄甲曳兵而走，或者做了惡勢力的俘虜。你在那俘虜牢獄裡，回想那少年氣壯時代的重重理想主義，好像都成了自誤誤人的迷夢。從此以後，你就甘心放棄理想的人生的追求，甘心做現成社會的順民了。

要防禦這兩方面的墮落，一面要保持我們求知識的慾望，一面要保持我們對於理想人生的追求。有什麼好法子呢？依我個人的觀察和經驗，有三種防身的藥方是值得一試的。

1．**只有一句話：「總得時時尋一、兩個值得研究的問題！」** 問題是知識學問的老祖宗，古今一切知識的產生與積聚，都是因爲要解答問題——要解答時用上的困難或理論上的疑難。

所謂「爲知識而求知識」，其實也只是一種好奇追求某種問題的解答，不過因爲那種問題的性質不必是直接應用的，人們就覺得這是「無所謂」的求知識了。

我們出學校之後，離開了做學問的環境，如果沒有一、兩個值得解答的疑難問題在腦子裡盤旋，就很難繼續保持追求學問的熱心。可是，如果你有了一個眞有趣的問題天天逗你去想它，天天引誘你去解決它，天天對你挑釁笑你無可奈何它。這時候，你就會同戀愛一個女子發了瘋一樣，坐也坐不下，睡也睡不安，沒工夫也得偷出工夫去陪她，沒錢也得撙衣節食去巴結她。沒有書，你自會變賣家私去買書；沒有儀器，你自會典押衣服去置辦儀器；沒有師友，你自會不遠千里去尋師訪友。

你只要能時時有疑難問題來逼你用腦子，你自然會保持、發展你對學問的興趣。即使在最貧乏的知識環境中，你也會慢慢的聚起一個小圖書館來，或者設置起一所小試驗室來。

所以我說，第一要尋問題。腦子裡沒有問題之日，就是你的知識生活壽終正寢知時！古人說；「待文王而興者，凡民也。若夫豪傑之士，屬無文王獨興。」

是想伽利略（Galileo）和牛頓（Nweton）有多少藏書？有多少儀器？他們不過是有問題而已。有了問題之後，他們自會造出儀器來解答他們的問題。沒有問題的人們，關在圖書館裡也不會用書，鎖在試驗室裡也不會有什麼發現。

2．也只有一句話：「總得多發展一點非職業的興趣。」 離開學校之後，大家總得尋個吃飯的職業。可是你尋得的職業未必就是你所學的，或者未必是你所心喜的，或者是你所學而實在和你的性情不相近的。

在這種狀況之下，工作就往往成了苦功，就不感興趣了。爲糊口而做那種非「性之所近，而力之所」能勉的工作，就很難保持求知的興趣和生活的理想主義。最好的救濟方法，只有多多發展職業以外的正當性趣與活動。

一個人應該有他的職業，又應該有他的非職業的玩意兒，可以叫做業餘活動。凡一個人用他的閒暇來做的事業，都是他的業餘活動。往往他的業餘活動比他的職業還要更重要，因爲一個人的前程往往全靠他怎樣用他的閒暇時間。

他用他的閒暇來打麻將，他就成個賭徒；你用你的閒暇來做社會服務，你也許成個社會改革者；或者你用你的閒暇去研究歷史，你也許成個史學家——你的閒暇往往定你的終身。

英國十九世紀的兩個哲人，穆勒終身做東印度公司的秘書，然而他的業餘工作使他在哲學上、經濟學上、政治思想史上都佔一個很高的位置。斯賓塞是一個測量工程師，然而他的業餘工作使他成為前世紀晚期世界思想的一個重鎮。

古來成大學問的人，幾乎沒有一個不是善用他的閒暇時間的。特別在這個組織不健全的中國社會，職業不容易適合我們的性情，我們要想生活不苦痛或不墮落，只有多方發展業餘的興趣。使我們的精神有所寄託，使我們的剩餘精力有所施展。

有了這種心愛的玩意兒，你就是做六個鐘頭的抹桌子工作，也不會感覺煩悶了。因為你知道，抹了六點鐘的桌子之後，你可以回家去做你的化學研究；或畫完你的大幅山水，或寫你的小說劇曲；或繼續你的歷史考據，或做你的社會改革事業。你有了這種稱心如意的活動，生活就不枯寂了，精神也就不會煩悶了。

3．**也只有一句話：「你總得有一點信心。」** 我們生在這個不幸的時代，眼中所見，耳中所聞，無非是叫我們悲觀失望的。

特別是在這個年頭畢業的你們，眼見自己的國家、民族沉淪到這步田地，眼看世界只是強權的世界，望極天邊好像看不見一線的光明——在這個年頭不發狂自殺，已算是萬幸了，怎麼還能夠希望保持一點內心的鎮定和理想的信任呢？

我要對你們說，這時候正是我們要培養我們的信心的時候！只要我們有信心，我們還有救。古人說：「信心（Faith）可以移山。」又說：「只要功夫深，生鐵磨成繡花針。」

你不信嗎？當拿破崙的軍隊征服普魯士、佔據柏林的時候，有一位窮教授叫做菲希特（Fichte）的，天天在講堂上勸他的國人要有信心，要信仰他們的民族是有世界的特殊使命的，是必定要復興的。

菲希特死的時候（一八一四年），誰也不能預料德意志的統一帝國，何時可以實現。然而不滿五十年，新的統一德意志帝國居然實現了。

一個國家的強弱盛衰，都不是偶然的，亦都不能逃出因果的鐵律的。我們今日所受的苦痛和恥辱，都只是過去種種惡因種下的惡果。我們要收將來的善果，必須努力種現在的新因。一粒一粒的種必有滿倉滿屋的收，這是我們今日應該有的信心。

我們要深信：「今日的失敗，都由於過去的不努力。」

我們要深信：「今日的努力，必定有將來的大收成。」

佛典裡有一句話：「福不唐捐。」「唐捐」就是白白的丟了。我們也應該說：「功不唐捐！」沒有一點努力是會白白的丟了的。

在我們看不見、想不到的時候，在我們看不見、想不到的方向，你瞧！你下的種子早已生根、發葉、開花、結果了！

你不信嗎？法國被普魯士打敗後，割了兩省地，賠了五十萬萬法朗的賠款。這時候有一位刻苦的科學家巴斯德（Pasteur），終日埋頭在他的試驗室裡做他的化學實驗和黴菌學研究。他是一個最愛國的人，然而他深信只有科學可以救國。

他用一生的精力證明了三個科學問題。

第一、每一種發酵作用都是由於一種黴菌的發展。

第二、每一種傳染病都是由於一種黴菌在生物體中的發展。

第三、傳染病的黴菌，在特殊的培養下；可以減輕毒力，使它從病菌變成防病的藥苗。

這三個問題，有表面上似乎都和救國大事業沒有多大的關係。然而從第一個問題的證明，巴斯德定出做醋釀酒的新法，使全國的酒醋業每年減除極大的損失。

而從第二個問題的證明，巴斯德教全國的蠶絲業怎樣選種、防病；教全國的畜牧農家怎樣防止牛羊瘟疫，又教全世界的醫學怎樣注重消毒，以減除外科手術的死亡率。

至於第三個問題的證明，巴斯德發明了牲畜的脾熱瘟的治療藥苗，每年替法國農家減除了兩千萬法朗的大損失；又發明了被瘋狗咬毒的治療法，救濟了無數的生命。

所以英國的學家赫胥黎（Huxley）在皇家學會裡稱頌巴斯德的功績道：「法國給了德國五十萬萬法朗的賠款，巴斯德先生一個人研究學的成績，足夠還清這一筆賠款了。」

巴斯德對於科學有絕大的信心，所以他在國家蒙奇辱大難的時候，終不肯拋棄他的顯微鏡和試驗室。他絕想不到在他的顯微鏡底下竟能償還五十萬萬法朗的賠款，然而在他看不見、想不到的時候，他已收穫了「科學救國」的奇蹟了。

朋友們，在你最悲觀、最失望的時候，那正是你必須鼓起堅強的信心的時候。你要深信：天下沒有白費的努力，成功不必在我，而功力必不唐捐。

多反省，少陶醉

這一期（《獨立》一〇三期）裡有壽生先的一篇文章，題爲〈我們要有信心〉。在這文裡，他提出一個大問題：中華民族眞不行嗎？他自己的答案是：我們是還有生存權的。

我很高興我們的青年，在這種惡劣空氣裡，還能保持他們對於國家、民族前途的絕大信心。這種信心是一個民族生存的基礎，我們當然是完全同情的。

可是我們要補充一點：這種信心本身要建築在穩固的基礎之上，不可站在散沙之上，如果信仰的根據不穩固，一朝根機動搖了，信仰也就完了。

壽生先生不贊成那些舊人「拿什麼五千年的古國哟，精神文明哟、地大物博哟等等來遮醜。」這是不錯的。然而他自己提出的民族信心的根據，依我看來，文字上雖然和他們不同，實質上還是和他們同樣的站在散沙之上，同樣的擋不住風吹雨打。例如他說：

> 我們今日之改進不如日本之速者，就是因爲我們的固有文化太豐富了。富於創造性的人，個性必強，接受性就較緩。

這種思想在實質上，和那五千年古國精神文明的迷夢是同樣的無稽的誇大。第一、他的原則：「富於創造性的人，個性必強，接受性就較緩。」這個大前提就是完全無稽之談、就是懶惰的中國人士大夫捏造出來替自己遮醜的胡說。事實上恰是相反的，凡富於「創造性」的人必敏於模仿，凡不善模仿的人絕不能創造。創造是一個最誤人的名詞，其實創造只是模仿到十足的一點點新花樣。古人說的最好：「太陽之下，沒有新的東西。」一切所謂創造都從模仿出來。我們不要被新名詞騙了。新名詞的模仿，就是舊名詞的「學」字；「學之爲言效也」是一句不磨的老話。

例如學琴，必須先模仿琴師彈琴；學畫，必須先模仿畫師作畫；就是畫自然界的景物，也是模仿。模仿熟了，就是學會了，工具用得熟了，方法練得細密了。有天才的人自然會「熟能生巧」，這一點功夫到時的奇巧新花樣就叫做「**創造**」。

凡不肯模仿，就是不肯學人的長處。不肯學如何能創造。伽利略（Galileo）聽說荷蘭有個磨鏡匠人做成了一座望遠鏡，他就依他聽說的造法，自己製造了一座望遠鏡。——這就是模仿，也就是創造。

從十七世紀初年到如今，望遠鏡和顯微鏡都年年有進步，可是這三百年的進步，步步是模仿的，也步步是創造。一切進步都是如此，沒有一件創造不是先從模仿下手的。孔子說的好：

> 三人行，必有我師焉；
> 擇其善者而從之，其不善者而改之。

這就是一個聖人的模仿，懶人不肯模仿，所以絕不會創造。一個民族也和個人一樣，最肯學人的時代就是那個民族最偉大的時代；等到他不肯學人的時候，他的盛世已過去了，他已走上衰老僵化的時期了。

我們中國民族最偉大的時代，正是我們最肯模仿四鄰的時代；從漢到唐宋，一切建築、繪畫、雕刻、音樂、宗教、思想、算學、天文、工藝，哪一件裡沒有模仿外國的重要成份？佛教和他帶來的美術建築，就不用說了。

從漢朝到今日，我們的曆法改革，無一次不是採用外國的新法；最近三百年的曆法是完全學西洋的，更不用說了。

到了我們不肯學人家的好處的時候，我們的文化也就不進步了。我們到了民族中衰的時代，只有懶勁學印度人的吸食鴉片，卻沒有精力學滿洲人的不纏腳，那就是我們自殺的法門了。

第二、我們不可輕視日本人的模仿。壽生先生也犯了一般人輕視日本的惡習慣，抹煞日本人善於模仿的絕大長處。日本的成功，正可以證明我在上文所說的「一切創造，都從模仿出來」的原則。壽先先生說：

從唐以至日本明治維新，千數百年間，日本有一件事足以爲中國取鏡者嗎？中國的學術思想，在她手裡去發展改進過嗎？我們實無法說有。

這又是無稽的誣告了。三百年前，朱舜水到日本，他居留久了，能了解那個島國民族的優點。所以他寫信給中國的朋友說，日本的政治雖不能上比唐虞，卻可以說比得上三代盛世。這是一個中國大學者在長期寄居之後下的考語。是值得我們的注意的。

日本民族的長處，全在他們肯一心一意的學別人的好處。他們學了中國的無處好處，但始終不曾學我們的小腳、八股文、鴉片煙，這不夠「爲中國取鏡」嗎？這他們學別國的文化，無論在哪一方面，凡是學到家的，都能有創造的貢獻。這是必要的道理。淺見的人，都說日本的山水人物畫是模仿中國的；其實日本畫自有它的特點，在人物方面的成績遠勝過中國畫，在山水方面也沒有走上四王的笨路。

在文學方面，他們也有很大的創造。近年已有人賞識日本的小詩了。我且舉一個大家不甚留意的例子。文學史家往往說日本的《源氏物語》等作品，是模仿中國唐人的小說《遊仙窟》等書的。現今《遊仙窟》已從日本翻印回中國來了，《源氏物語》也有了英國人韋利先生（Arthur Waley）的五巨冊的譯本。

我們若比較這兩部書，就不能驚嘆日本人創造力的偉大。如果《源氏物語》眞是從模仿《遊仙窟》出來的，那眞是徒弟勝過師傅千萬倍了！

壽生先生原文裡批評日本的工商業，也是中了成見的毒。日本今日工商業的長腳發展，雖然也受了生活程度比別人低和貨幣低落的恩惠，但它的根基實在是全靠科學與工商業的進步。今日大阪與蘭肯歇的競爭，骨子裡還是新式工業與舊式工業的競爭。

日本今日自造的紡織器，是世界各國公認爲最新、最良的。今日英國紡織業，也不能不購買日本的新機器了。這是從模仿到創造的最好的例子。不然，我們工人的工資比日本更低，貨幣平常也比日本錢更賤，爲什麼我們不能「與他國資本家搶商場」呢？

我們到了今日，若還要抹煞事實、笑人模仿，而自居於「富於創造性者」的不屑模仿，那眞是盲目的誇大狂了。

第三、再看看「我們的固有文化」是不是眞的「太豐富了。」壽生先生和其他誇大本國固有文化的人們如眞肯平心想想，必然也會明白這句話也是無根的亂談。

這個問題太大，不是這篇短文裡所能詳細討論的，我只能指出幾個比較重要之點。使人明白我們的固有文化實在是很貧乏的，談不到「太豐富」的夢話。

近代的科學文化、工業文化，我們可以撇開不談，因爲在那些方面，我們的貧乏未免也太丟人了。我們且談談老遠的過去時代吧。

我們的周秦時代當然可以和希臘羅馬相提並論，然而我們如果平心研究希臘羅馬的文學、雕刻、科學、政治，單是這四項，就不能不使我們感覺我們的文化的貧乏了。尤其是造型美術語算學的兩方面，我們眞不能不低頭愧汗。

我們試想想，《幾何原本》的作者歐幾里德（Euclid）正和孟子先後同時；在那麼早的時代，兩千多年前，我們在科學上早已太落後了！（少年愛國的人，何不試拿《墨子》〈經上篇〉裡的三、五條幾何學界說來比較《幾何原本》？）

從此以後，我們所有的，歐洲也都有；我們所沒有的，人家亦獨有，且都比我們強。試舉一個例子，歐洲有三個一千年的大學，有許多個五百年以上的大學，至今繼續存在、繼續發展，我們有沒有？

至於我們所獨有的寶貝、駢文、律詩、八股、小腳、太監、姨太太、五世同居的大家庭、貞節牌坊、地獄活現的監獄、延杖、板子夾棍的法庭，……雖然「豐富」、雖然「在這世界無不足以單獨成一系統」，究竟都是使我們抬不起頭來的文物制度。

即如壽生先生指出的「那更光輝萬丈」的宋明理學，說起來也眞正可憐！講了七、八百年的理學，沒有一個理學聖賢起來指出裹小腳是不人道的野蠻行爲，只見大家崇信「餓死事極小，失節是極大」的吃人禮教：請問那「萬丈光輝」究竟照耀到哪裡去了？

以上說的，都只是略略指出壽生先生代表的民族信心是建築在散沙上面，經不起風吹草動就會倒塌下來的。信心是我們需要的，但無根據的信心是沒有力量的。可靠的民族信心，必須建築在一個堅固的基礎之上，祖宗的光榮是祖宗之光榮，不能救我們的痛苦羞辱。何況祖宗所建立的基業不全是光榮呢？

我們要指出：我們的民族信心必須站在「反省」的唯一基礎之上。反省就是要閉門思過，要誠心誠意的想，我們祖宗的罪孽深重，我們自己的罪孽深重；要認清了罪孽所在，然後我們可以用全副精力去消災滅罪。

壽生先生引了一句「中國不亡，是無天理」的悲嘆詞句，他也許不知道這句傷心的話，是我十三、四年前在中央公園後面柏樹下對孫伏園先生說的，第二天被他記在《晨報》上，就流傳至今。

我說出那句話的目的，不是要人消極，是要人反省；不是要人灰心，是要人起信心；發下大弘誓來懺悔，來替祖宗懺悔、替我們自己懺悔；要發願、造新因來替代舊日種下的惡因。

今日的大患在於全國人不知恥。所以不知恥者，指是因爲不曾反省。一個國家兵力不如人，被人打敗了、被人搶奪了一大塊土地去，這不算是最大的恥辱。一個國家在今日還容許整個的省分遍種鴉片煙，一個政府在今日還要依靠鴉片煙的稅收——公賣稅、吸戶稅、煙苗稅、過境稅——來做政府的收入的一部分，這是最大的恥辱。

一個現代民族在今日還容許他們的最高官吏，公然提倡什麼「時輪金剛法會」、「息災利民法會」，這是最大恥辱。一個國家有五千年的歷史，而沒有一個四十年的大學，甚至於沒有一個眞正完備的大學，這是最大的恥辱。

一個國家能養三百萬不能捍衛國家的兵，而至今不肯計劃任何區域的國民義務教育，這是最大的恥辱。

眞誠的反省，自然發生眞誠的愧恥。孟子說的好：「不恥不若人，何若人有？」眞誠的愧恥，自然引起向上的努力，要發弘願努力學人家的好處，鏟除自家的罪惡。經過這種反省與懺悔之後，然後可以起新的信心：要信仰我們自己正是撥亂反正的人，這個擔子必須我們自己來挑起。

三、四十年的天足運動已經差不多完全鏟除了小腳的風氣：從前大腳的女人要裝小腳，現在小腳的女人要裝大腳了。風氣轉移的這樣快，這不夠堅定我們的自信心嗎？

歷史的反省，自然使我們明瞭今日的失敗都因爲過去的不努力，同時也可以使我們格外明瞭「種瓜得瓜，種豆得豆」的因果鐵律。鏟除過去的罪孽只是割斷已往種下的果。我們要收新果，必須努力造新因。

老祖宗生在過去的時代，他們沒有我們今日的新工具，也居然能給我們留下了不少的遺產。我們今日有了祖宗不曾夢見的種種新工具，當然應該有比祖宗高明千百倍的成績，才對得起這個新鮮的世界。

日本一個小島國，那麼貧瘠的土地、那麼少的人民，只因爲伊藤博文、大久保利通、西鄉隆盛等幾十個人的努力，居然在半個世紀之內，一躍而爲世界三五大強國之一——這不夠鼓舞我們的信心嗎？

反省的結果，應該使我們明白那五千年的精神文明、那「光輝萬丈」的宋明理學、那並不太豐富的固有文化，都是無濟於事的銀樣蠟槍頭。

我們的前途，在我們自己的手裡；我們的信心應該望在我們的將來；我們的將來，全靠我們下什麼種、出多少力——「播了種一定會有收穫，用了力絕不至於白費。」這是翁文灝先生要我們有的信心。

——二十三年五月二十八日

從大海沉船上救出自己

當五月七日北京學生包圍章士釗宅、警察拘捕學生的事件發生以後，北京各學校的學生團體即有罷課的提議。有些學校的學生因爲北大學生會不曾參加五七的事，竟在北大第一院前辱罵北大學生不愛國。

北大學生也有很激憤的，有些人竟貼出佈告攻擊北大代理校長蔣夢麟媢章、媢外。然而幾日之內，北大學生會舉行總投票表決罷課問題，共投一千一百多票，反對罷課者八百餘票，這件事眞使一班留心教育問題的人心裡歡喜。

可喜的，不在罷課案的被否決，而在（一）投票之多。（二）手續的有秩序。（三）學生態度的鎭靜。我的朋友高夢旦在上海讀了這段新聞，寫了一封長信給我，討論此事，說這樣做法，便是在求學的範圍以內做救國的事業，可算是在近年學生運動史上開一個新紀元。

只可惜我還沒有回高先生的信，上海五卅的事件已發生了，前二十天的秩序鎮靜都無法維持了。於是六月三日以後，全國學校逐都罷課了。

這也是很自然的。在這個時候，國事糟到這步田地，外間的刺激這麼強；上海的事件未了，漢口的事件又來了；接著廣州、南京的事件又來了。在這個時候，許多中年以上的人尚且忍耐不住，許多六十老翁尚且要出來慷慨激昂地主張宣戰，何況這無數的少年男女學生呢？

我們觀察這七年來的「學潮」，不能不算民國八年的「五四事件」與今年的「五卅事件」爲最有價值。這兩次都不是有什麼作用，或事前預備好了然後發動的；這兩次都只是一般青年學生的愛國血誠，遇著國家的大恥辱，自然爆發；純然是爛漫的天眞，不顧利害地向前去。

這種「無所爲而爲」的表示是眞實的、可敬愛的。許多學生都是不願意犧牲求學的時間的，只因爲臨時發生的問題太大了、刺激太強烈了，愛國的感情一時併發；所以什麼都顧不得了，功課也不顧了、秩序也不顧了、辛苦也不顧了。

所以北大學生總投票表決不罷課之後，不到二十天，也就不能不罷課了。二十日後毫無免強的罷課、參加救國運動，可以證明此次學生運動的犧牲的精神。

這並非前後矛盾，有了前回的不願犧牲，方才更顯出後來的犧牲之難能而可貴。但豈北大一校如此？全國無數學校都有這樣的情形。

但群衆的運動總是不能持久的。這並非中國人的「虎頭蛇尾」、「五分鐘的熱度」。這是世界人類的通病。

所謂「民氣」，所謂「群衆運動」，都只是一時的大問題刺激起來的一種感情上的反應。感情的衝動是無組織、無持久性的又無領袖的群衆行動是最容易鬆散的。

我們不看見北京大街的牆上大書著「打倒英日」、「不要五分鐘的熱度」嗎？其實寫那些大字的人，寫成之後，自己看著很滿意，他的「熱度」早已消除大半了，他回到家裡，坐也坐得下了、睡也睡得著了。

所謂「民氣」，無論在中國、在歐美，都是這樣突然而來，倏然而去。幾天一次的公民大會、幾天一次的示威遊行，雖然可以勉強多維持一會兒，然而那回天安門打架之後，國民大會也就不容易召集了。

我們要知道，凡關於外交的問題，民氣可以督促政府、政府可以利用民氣；民氣與政府相爲聲援方採可以收效。沒有一個像樣的政府，雖有民氣，終不能單獨成功。因爲外國政府絕不能直接和我們的群衆辦交涉，民衆運動的影響（無論是一時的示威或是較有組織的經濟抵制）終是間接的。

一個健全的政府可以利用民氣做後盾，在外交上可以多得勝利，至少也可以少吃點虧。若沒有一個能運用民氣的政府，我們可以斷定民衆運動的犧牲，大部分是白白地糟蹋了的。

倘使外交部於六月二十四日，同時送出滬案及修改條約兩照會之後即行負責交涉，那時民氣最盛，海員罷工的聲勢正大；護岸的交涉至少可以得一個比較滿人意的結果。

但這個政府太不像樣了，外交部不敢自當交涉之衝，卻要三個委員來代肩末梢；但三個委員都是很聰明的人，也就樂得三揖三讓，延擱下去。他們不但不能用民氣，反懼怕民氣了！況且某方面的官僚想藉這風潮延長現政府的壽命、某方面的政客也想藉這問題延緩東北勢力的侵逼。

他們不運用民氣來對付外人，只會利用民氣來便利他們自己的志氣！於是一讀、再讀，至於今日，滬案及其他關聯之各案絲毫不曾解決，而民氣卻早已成了強弩之末了！

上海的罷工本是對英、日的，現在卻是對郵政當局、商務印書館、中華書局了。北京的學生運動一變而為對付楊蔭榆，又變而為對付章士釗了。廣州對英的事件全未了結，而廣州城卻早已成為共產與反共產的血戰場了。這三個月的「愛國運動」的變相竟致如此！

這時候有一件差強人意的事，就是全國學生總會議決定秋季開學後，各地學生應一律到校上課，上課後應努力於鞏固學生會的組織，為民眾運動的中心。北京學聯會也決議北京各校同學於開學前務必到校，一面上課，一面仍繼續進行。

這是很可喜的消息。全國學生總會的通知裡，並且有「五卅運動」並非短時間所能解決、帝國主義不是赤手空拳打得倒的、「英日強盜」也不是幾千萬人的喊聲咒得死的。

救國是一件頂大的事業，排隊遊街；高喊著「打倒英日強盜」，算不得是救國事業；甚至於砍下手指寫血書，甚至於蹈海投江、殺身殉國，亦都算不得是救國的事業。救國的事業須要有名色名樣的人才，眞正的救國的預備在於把自己造成一個有用的人才。

易卜生說得好：「眞正的個人主義，在於把你自己這塊材料鑄造成個東西。」他又說：「有時候我覺得這個世界就好像大海上翻了船，最要緊的是救出我自己。」

在這個高唱國家主義的時期，我們要很誠懇的指出，易卜生說的「眞正的個人主義」，正是到國家主義的唯一大路。救國須從救出你自己下手！

學校固然不是造人才的唯一地方，但在學生時代的青年，卻應該充分地利用學校的環境與設備來把自己鑄造成個東西。我們須要明白了解：

救國千萬事，
何一不當為？
而吾性所適，

僅有一二宜。

認清了你「性之所近，而力之所能」的方向，努力求發展，這便是你對國家應盡的責任，這便是你的救國事業的預備工夫。

國家的紛擾、外間的刺激，指應該增加你求學的熱心與興趣，而不應該引誘你跟著大家去吶喊，吶喊救不了國家。即使吶喊也算是救國運動的一部分，你也不可忘記你的事業有比吶喊更重要十倍、百倍的。你的事業是要把你自己造成一個有眼光、有能力的人才。

你忍不住嗎？你受不住外面的刺激嗎？你的同學都出去吶喊了，你受不了他們的引誘與譏笑嗎？你獨坐在圖書館裡覺得難為情嗎？你心裡不安嗎？——這也是人情之常，我們不怪你，我們都有忍不住的時候。但我們可以告訴你一、兩個故事，也許可以給你一點鼓舞。

德國大文豪歌德（Goethe）在他的年譜裡（英譯本頁一八九）曾說，他每遇著國家政治上有大紛擾的時候，他便用心去研究一種絕不關係時局的學問，使他的心思不致受外界的擾亂。所以拿破崙的兵威逼迫德國厲害的時期裡，歌德天天用功研究中國的文物。又當利俾瑟之戰的那一天，歌德正關著門，做他的名著《埃塞克斯》（Essex）的「尾聲」。

德國大哲學家費希特（**Fichte**）是近代國家主義的一個創始者。他在普魯士被拿破崙踐破之後的第二年（一八〇七年）回到柏林，並著手計劃一個新的大學——即今日之柏林大學，那時候，柏林還在敵國駐兵的掌握裡。

費希特在柏林繼續講學，在很危險的環境裡發表他的〈告德意志民族〉。往往在他講學的堂上聽得見敵人駐兵操演回來的笳聲。

他這一套講演——〈告德意志民族〉——忠告德國人不要灰心喪志、不要驚慌失措；他說，德意志民族是不會亡國的；這個民族有一種天賦的使命，就是要在世間建立一個精神的文明，即德意志的文明，他說，這個民族的國家是不會亡的。

後來費希特計畫的柏林大學便成了世界上知名的學府之一；他的〈告德意志民族〉不但變成了德意志帝國建國的一個動力，並且成了十九世紀全世界的國家主義的一種經典。

上邊的兩段故事，是我願意介紹給全國的青年男女學生的。我們不期望人人都做歌德與費希特。我們只希望大家知道，在一個擾攘紛亂的時期裡跟著人家亂跑亂喊，不能就算是盡了愛國的責任，此外還有更難、更可貴的任務：在紛亂的喊聲裡，能立定腳跟、打定主意救出你自己，努力把你這塊材料鑄造成個有用的東西！

一個防身藥方的三味藥

畢業班的諸位同學，現在都得離開學校去開始你們自己的事業了，今天的典禮，我們叫做「畢業」、叫做「卒業」，在英文裡叫做「始業」（Commencement），你們的學校生活現在有一個結束，現在你們開始進入一段新的生活，開始撐起自己的肩膀來挑自己的擔子，所以叫做「始業」。

我今天承畢業班同學的好意，承閣校長的好意，要我來說幾句話，我進大學是五十年前（一九一〇年），我畢業是在四十六年前（一九一四年），夠得上做你們的老大哥了。今天我用老大哥的資格，應該送你們一點小禮物，我要送你們的小禮物只是一個防身的藥方，給你們離開校門，進入大世界，作為隨時防身救急之用的一個藥方。

這個防身藥方只有三味藥：

第一味藥叫做——「問題丹」。

第二味藥叫做——「興趣散」。

第三味藥叫做——「信心湯」。

第一味藥，「問題丹」。就是說：每個人離開學校，總得帶一、兩個麻煩而有趣味的問題在身邊作伴，這是你們入世的第一要緊的救命寶丹。

問題是一切知識、學問的來源，活的學問、活的知識，都是爲了解答實際上的困難，或理論上的困難而得來的。年輕入世的時候，總得有一、兩個不太容易解決的問題在腦子裡，時時笑你不能對付他、不能奈何他、時時引誘你去想他。只要你有問題跟著你，你就不會懶惰了，你就會繼續有知識上的長進了。

學堂裡的書，你帶不走；儀器，你帶不走；先生，他們不能跟你去，但是「問題」可以跟你走到天邊！有了問題，沒有書，你自會省吃省穿去買書；沒有儀器，你自會賣田賣地去買儀器！沒有好先生，你自會去找好師友；沒有資料，你自會上天下地去找資料。各位青年朋友，你今天離開了學校，夾袋裡準備了幾個問題跟著你走？

第二味藥，叫做「興趣散」。這就是說：每個人進入社會，總得多發展一點專門職業以外的興趣——即所謂「業餘」的興趣。

你們多數是學工程的，當然不愁找不到吃飯的職業，但四年前你們選擇的專門職業，眞是你們自己的自由志願嗎？你們現在還感覺你們手裡的文憑，眞可以代表你們每個人終身的志願、終身的興趣嗎？換句話說，你們今天不懊悔嗎？明年今天還不會懊悔嗎？你們在這四年哩，沒有發現什麼新的業餘的興趣嗎？在這四年裡，沒有發現自己在本行以外的才能嗎？

總而言之，一個人應該有他的職業，又應該有他的非職業的玩意兒。不是爲吃飯而是心裡喜歡做的，用閒暇時間做的——這種非職業的玩意兒，可以使他的生活更有趣、更快樂、更有意思。有時候一個人的業餘活動也許比他的職業還更重要。

英國十九世紀的兩個哲學家，一個是穆勒（J. B. Mill），他的職業是東印度公司的秘書，他的業餘工作使他在哲學上、經濟學上、政治思想史上，都有很大的貢獻。一個是斯賓塞（Herbert Spencer），他是一個測量工程師，他的業餘工作使他成為一個很有勢力的思想家。

英國的大政治家邱吉爾，政治是他的終身職業，但他的業餘興趣很多，他在文學、歷史兩方面，都有大成就；他用餘力作油畫，成績也很好。

今天到自由中國的貴賓，美國大總統艾森豪先生，他的終身職業是軍事，人人都知道他最愛打高爾夫球，但我們知道他的油畫也很有工夫。各位青年朋友，你們的專門職業是不用愁的了，你們的業餘興趣是什麼？你們能做的、愛做的業餘活動是什麼？

第三味藥，我叫它做「信心湯」。這就是說，你總得有一點信心。我們生存在這個年頭，看見的、聽見的，往往都是可以叫我們悲觀、失望的，有時候竟可以叫我們傷心、叫我們發瘋。這個時代，正是我們要培養我們的信心的時候，沒有信心，我們眞要發狂自殺了。

我們的信心只有一句話：「努力不會白費！」沒有一點努力是沒有結果的。對你們學工程的青年人，我還須多用舉例來說明這種信心嗎？工程師的人生哲學當然建築在「努力不白費」的定律的基石之上。

我只舉這短短幾十年裡大家都知道的兩個例子：

一個是亨利．福特（Henry Ford），這個人沒有受過大學教育，他幼時半工半讀，只讀了幾年書，十六歲就在一小機器裡做工，每週工錢兩塊半美金，晚上還得去幫別家作夜工。

五十七年前（一九〇三年），他三十九歲，他創立Ford Motor Co.（福特汽車公司），原定資本十萬元，只招得兩萬八千元。五年之後（一九〇八年），他推出了他最出名的Model T汽車，並全力製造這一種車子。

一九一三年，我已在大學三年級了，福特先生創立他的第一副「裝配線」（Assembly line）。一九一四年，四十六年前，他就能夠完全用「裝配線」的原理來製造他的汽車了。同時（一九一四年），他宣布他的汽車工人每天只工作八點鐘，比別處工人少一點鐘，而每天最低工錢五塊美金，比別人多一倍。

他的汽車開始是九百五十元一部，他逐年減低賣價，從九百五十元直減到三百六十元。第一次世界大戰之後，減到兩百九十元一部。

他的公司，在創辦時（一九〇三年），只有兩萬八千元的資本，到二十三年之後（一九二六年）已值十億美金了！亦成爲全世界最大的汽車公司。一九一五年，他造了一百萬部汽車，一九二八年，他造了一千五百萬部車。

他的「裝配線」原則，在二十年裡造成了全世界的「工業新革命」。福特的汽車在五十年中征服全世界的歷史，還不能叫我們激勵出「努力不白費」的信心嗎？

第二個例子是航空工程與航空工業的歷史。

也是五十七年前，一九〇三年十二月十七日，正是我十二足歲的生日。那一天，在北卡羅萊州的海邊基蒂霍克（Kitty Hawk）沙灘上，兩個修理腳踏車的匠人，萊特兄弟兩人，用他們自己製造的一架飛機，在沙灘上試起飛。弟弟叫Orville Wright，他飛起了十二秒；哥哥叫Wilbur Wright，他飛起了五十九秒鐘。

那是人類製造飛機後飛在空中的第一次成功，現在那一天（十二月十七日）是全美慶祝的「行空日」，但當時並沒有人注意到那兩個兄弟的試驗；但這兩個沒有受過大學教育的腳踏車修理匠人，他們並不失望；他們繼續試飛、繼續改良他們的飛機，一直到四年半之後（一九〇八年五月），才有重要的報紙來報導那兩個人的試飛；那時候，他們已能在空中飛三十八分鐘了！

這四十年來，航空工程、工業的大發展，這是你們學工程的人都知道的，航空工業在最近三十年裡已成了世界最大工業的一種。

我第一次看見飛機是在一九一二年。我第一次坐飛機是在一九三〇年（三十年前）。我第一次飛過太平洋是在二十三年前（一九三七年）。第一次飛過大西洋是在十五年前（一九四五年），當我第一次飛渡太平洋的時候，從香港到舊金山總共費了七天！

去年我第一次做噴射機，從舊金山到紐約，五個半鐘點即飛了三千英里！下月初，我又得飛過太平洋，中午起飛，當天晚上就可以到達美國西岸了！

五十七年前，基蒂霍克沙灘上兩個腳踏車修理匠人，自造了一架飛機居然在空中飛起了十二秒鐘，那十二秒鐘的飛行就給人類打開了一個新的時代——打開了人類的航空時代。

這不夠叫我們深信「努力不會白費」的人生觀嗎？

古人說：「信心可以移山」（**Faith moves mountains**），又說：「功不唐捐」（「唐」是空的意思），又說：「只要功夫深，生鐵磨成繡花針。」

青年的朋友，你們有這種信心沒有？

打破浪漫病

剛才主席說：「材料不很重要，重要的在方法。」這話是很對的。有方法與無方法，自然不同。比如說電燈壞了，若有方法就可以把它修理好。材料一樣的，然而方法異樣，所得結果便完全不同了。

我今天要說的，就是材料很重要，方法不甚重要。用同等的方法，用在兩種亦樣的材料上，所得結果便完全不同了。所以說材料是很要緊的。

中國自西曆一六〇〇至一九〇〇年當中，可謂是中國「科學時期」，亦可說是科學的治學時代。如清朝的戴東原先生在音韻學、校勘學上，都有嚴整的方法。西洋人不能不承認這三百年是中國「科學時代」。我們自然科學雖沒有怎樣高明，但方法很好，這是我們可以自己得意的。

閩人陳第曾著《毛詩古音考》、《唐宋古音考》等些書。他的方法是很想精密的，是顧炎武的老祖宗。顧亭林、閻百詩等學者都開中國學術新紀元，他們是用科學方法探究學問的，顧氏是以科學方法研究音韻學，他的方法是用本證與旁證。比如研究《詩經》，從《詩經》本身來舉證，是謂「本證」；若是從《詩經》的外面舉證，便謂「旁證」了。閻氏的科學方法是研究古文的眞僞及文章的來源。

一六〇九年的哥白尼，據說是在波蘭北部的一個眼鏡店做小伙計，一天偶然疊上幾片玻璃而發現在遠古的東西，哥白尼認爲望遠鏡是可以做到的。於是他利用這儀器，反覆地不斷實驗與觀測，終於在天文學上有著很大的發明。

像牛頓（Newton），還有顯微鏡發明者列文虎克（Leeuwenhoek），他們都有很大的發明。

當哥白尼及諸大學者存在的時候，正是中國的顧炎武、閻百詩出世的時期。在這五、六十年當中，東西文化、東西學說的歧異就在這裡。他們所謂方法就是「假說」與「求證」，牛頓就是大膽去假定，然後一步步去證明。

這是和我們不同的地方。我們的方法是科學的，然而材料是書本文字。我們的校勘學是校勘古書古字的正確方法，如翻考《爾雅》、諸子百家；考據學是考據古文的眞僞。這一大堆東西可以代表清朝三百年的成績。

列文虎克是以鑿鑽等做研究的工具；牛頓是以木、石、自然資料來研究天文學，像現在已經把太陽系都弄清楚了。前幾天報上宣傳英國天文台要與火星通訊，像這樣的造就實在是可嘆的。

十八、九世紀的時候，西方學者才開始研究校勘學。瑞典的加禮文他專攻校勘學，曾經編成《中國文字分析字典》。像他這個洋鬼子不過研究四、五年，而竟達到中國有三百年歷史的校勘學成績。

加禮文說道：「你們只在文字方面做工夫，不肯到漢口、廣東、高麗、日本等地方，實際考查文字的土音以爲證明；要找出各種的讀法應當要到北京、寧波……等地去。」這可證明探求學問方法完全是經驗的，要實地調查的。顧亭林費許多時間所得到的很少，而結果走錯了路。

剛才楊教務長問我怎樣醫治「浪漫病？」我反問他說：「浪漫的病症在哪裡？」我以爲浪漫病或者就是「懶病」。你們都是青年的，都還不到壯年時期，而我們已是「老狗教不成新把戲」了。

現在我們無論走哪條路，都是要研究微積分、生物學、天文學、物理學。我們要多做些實驗功夫，要跟西洋人走進實驗室去。至於考據方面，就要讓我們老朽昏庸的人去做。

黎汶豪的顯微鏡實在比妖怪還厲害，這是用無窮時間與時時刻刻找眞理所得的結果。十九世紀時候，法國化學師巴斯德（Pasteur）在顯微鏡下面發現很可怕的微生物，他甚至因爲感受到瘋狗的厲害，便研究瘋狗起來。後來從狗嘴的涎沫裡及腦髓中去探究，方知道是細菌在作祟、神經系中有毒。

他把狗骨髓取出風乾，經過十三、四天之久，就把它製成注射藥水，可以治好給瘋狗咬著的人。但是，當時沒有膽量就注射在人身上，只先在別的動物身上試驗看看。在那時候很湊巧一位老太婆的兒子給狗咬傷，去請醫生以「活馬當做死馬」醫治，果然給他治好了。

還有一位俄人，他給狼咬著，就發明打針方法。法國酒的病、蠶的病亦給顯微鏡找出來了；歐洲羊的病，德國科赫（Koch）應用藥水力量把羊醫好。像蠶病、醋病與酒病治好後，每年給法國省下幾千萬的法朗。普法戰爭後，法國賠款有五十萬萬之巨額。然而英國哈維（Harvey）常說：巴斯德以一支玻璃管和一具顯微鏡，已把法國賠款都付清了。

懶的人實在沒有懂得學問的興趣。學問本來是乾燥東西，而正確方法是建築在正確材料上的，像西方的牛頓那樣的正確。我們中國要研究有結果，最要緊的，是要到自然界去找自然材料。做文學的更要到民間、到家庭裡去找活材料。

我是喜歡談談：大家都是年富力強，應該要打破和消滅懶病。還要連帶說一說「六〇六」藥水，是德國人發明的，用以殺楊梅瘡的黴菌。這位先生他用化學方法，經過八年，即六百零六次的試驗研究而成功的。

我們研究學問，要有材料和方法，要不懶、要堅決不拔的努力；那麼，「浪漫病」就可以打破了。

行為道德之種種

杜威論人生的行爲道德，也極力反對從前哲學家所固執的種種無謂的區別。

第一、主內和主外的區別。

主內的，是偏重行爲的動機與人的品性；而主外的，則偏重於行爲的效果和人的動作。

其實這都是一偏之見。動機也不是完全在內的，因爲動機都是針對一種外面的境地起來的。品性也不是完全內在的，因爲品性往往都是行爲的結果，行爲成了習慣，便是「品行」。

主外的也不對。行爲的結果也不是完全在外的，因爲有意識的行爲都有一種目的，目的就是先已見到的效果，若沒有存心，行爲的善惡都不成到德的問題，譬如我無心之中掉了十塊錢，有人拾去，救了他一命，更顯而易見了。

杜威論道德，不識古人所定的這些區別。他說，平常的行爲，本來就沒有道德和不道德的區別。遇著疑難的境地，可以這樣做，也可以那樣做；但是這樣做便有這等效果，那樣做又有那種結果，究竟是該這樣做呢？還是該那樣做呢？

到了這個必須做選擇的時候，方才有一個道德的境地、方才有道德和不道德的問題。這種行爲，自始至終，只是一件貫串的活動，沒有什麼內外的區別。最初估量抉擇的時候，雖是有些遲疑。究竟疑慮也是活動，決定之後，去彼取此，決心做去，那更是很明顯的活動了。

這種行爲，和平常的行爲並無根本的區別。這裡面秉持的思想，即是平常猜謎演算術的思想，並沒有一個特別的良知。這裡面所用的參考資料和應用工具，也即是經驗和觀念之類，並無特別神祕的性質。

總而言之，杜威論道德，根本上不承認主內主外的分別，知也是外，行也是內；動機也是活動，疑慮也是活動，做出來的結果也是活動。

若把行爲的一部分認做「內」，一部分認做「外」，那就是把一件整個的活動分做兩截，那就是養成知行不一致的習慣，必至於像活動之外另尋道德的教育。活動之外的道德教育，如我們中國的讀經修身之類，絕不能有良好的效果的。

第二、責任心和興趣的分別。

西洋論道德的，還有一個很嚴的區別，就是責任心和興趣的區別。偏重責任心的人說你「應該」如此做，不管你是否願意，你總得如此做。中國的董仲舒和德國的康德都是這一類。還有一班人偏重興趣一方面，說，我高興這樣做、我愛這樣做。孔子說的「知之者不如好之者，好之者不如樂知者」，便是這個意思。

有許多哲學家把「興趣」看錯了，以為興趣即是自私自利的表示，若跟著「興趣」做去，必致於偏向自私自利的行為。這派哲學家因此便把興趣和責任心看做兩件絕對相反的東西。

所以學校中的道德教育，只是要學生腦子裡記得許多「應該」做的事，或是用種種外面的獎賞刑罰之類，去監督學生的行為。這種方法，杜威極不贊成。杜威以為責任和興趣並不是反對的。興趣並不是自私自利，不過是把我自己和所做的事看做一件事。

換句話說，興趣即是把所做的事認做我自己的活動的一部分。譬如一個醫生，當鼠疫盛行的時候，他不顧傳染的危險，親自天天到疫區去醫病救人。我們一定說他很有責任心。其實，他只不過覺得這種事業是他自己的活動的一部分，所以冒險做去。

他若沒有這種興趣、若不能在這種冒險救人的事業裡面尋出興趣，那就隨書上怎麼把「責任心」說得天花亂墜，他絕不肯去做。如此看來，眞正責任心只是一種興趣。

杜威說，「責任」（Duty）古義本是「職務」（Office），只是「執事者各司其事」。興趣即是把所要做的事認做自己的事。仔細看來，興趣不但和責任心沒有衝突，並且可以補助責任心。

沒有興趣的責任，如囚犯做苦工，絕不能眞有責任心。況且責任是死的，興趣是活的。興趣的發生，即是新能力發生的表示、即是新活動的起點。即如上文所說的醫生，他初行醫的時候，他的責任只在替人醫病，並不會想到鼠疫的事。

後來鼠疫發生了，他若是覺得他的興趣只在平常的醫病，他絕不會去冒險做疫區救濟的事。他所以肯冒傳染的危險，正因爲他此時發生一種新興趣，把疫區的治療認做他的事業的一部分，故疫區的危險都不怕了。

學校中的德育也是如此。學生對於所做的功課毫無興趣，怪不得要出去打牌、吃酒去了。若是學校的生活能使學生天天發生新興趣，他自然不想做不道德的事了，這才是眞正的道德教育。

社會上的道德教育，也是如此。商店的伙計、工廠的工人，一天做十五、六點鐘的苦工，做的頭昏腦悶，毫無興趣，他們自然要想出去幹點不正當的娛樂。聖人的教訓、宗教的戒律，到此全歸無用。

所以現在西洋的新實業家，一方面減少工作的時間，增加工作的報酬；一方面在工廠或公司裡設立種種正當的遊戲，使做工的人都覺得做的事是有趣味的事。有了這種興趣，不但做事更肯盡職，並且不要去尋那不正當的娛樂了。

所以眞正的道德教育，在於使人對於正當的生活發生興趣，在於養成對於所做的事發生興趣的習慣。

大膽假設・小心求證

今天我想隨便談談治學的方法。我個人的看法，無論什麼科學——天文、地質、物理、化學等等——分析起來，都只有一個治學方法，就是做研究的方法。什麼是做研究呢？就是說，凡是要去研究一個問題，都是因爲有困難問題發生要等我們去解決它；所以做研究的時候，不是懸空的研究。所有的學問的研究動機和目標是一樣的。

研究的動機，總是因爲發生困難；有一個問題，從前沒有看到，現在看到了；從前覺得沒有解決的必要，現在覺得有解決的必要了。

凡是做學問、做研究，眞正的動機都是求某種問題、某種困難的解決；所以動機是困難，而目的是解決困難。

這並不是我一個人的說法，凡是有做學問、做研究經驗的人，都承認這個說法。眞正說起來，做學問就是研究；研究就是求得問題的解決。所有的學問，做研究的動機是一樣的，目標亦是一樣的，所以方法也是一樣的。

不但是現在如此，我們研究西方的科學思想、科學發展的歷史，再看看中國兩千五百年來，凡是合於科學方法的種種思想家的歷史，知道古今中外凡是在做學問、做研究上有成績的人，他的方法都是一樣的。

古今中外治學的方法是一樣的，爲什麼是一樣呢？就是因爲做學問、做研究的動機和目標都是一樣的。從一個動機到一個目標，從發現困難到解決困難，當中有一個過程，就是所謂「方法」。

從發現困難那一天起，到解決困難爲止，當中這一個過程，可能很長，也可能很短。有的時候要幾十年、幾百年才能夠解決一個問題；有的時候只要一個鐘頭就可以解決一個問題。這個過程就是「方法」。

剛才我說方法是一樣的，「方法」是什麼呢？我曾經有許多時候，想用文字把方法做成一個公式、一個口號、一個標語，把方法扼要的說出來；但是從來沒有一個滿意的表現方式。現在我想起我二、三十年來關於方法的文章裡面，有兩句話也許可以算是講治學方法的一種很簡單扼要的話。

那兩句話就是：「**大膽的假設，小心的求證。**」要大膽的提出假設，但這種假設還得想法子證明。所以小心的求證，要想法子證實假設或者否決假設，比大膽的假設還更重要。

這一個字是我二、三十年來見之於文字，常常在嘴裡向青年朋友們說的。有的時候在我自己的班上，我總希望我的學生們能夠了解。今天講治學方法引論，可以說就是要說明什麼叫做假設、什麼叫做大膽的假設、怎麼樣證明或者否決假設。

剛才我說過，治學、做研究的方法，都是基於一個困難。無論是化學、地質學、生物學、社會科學上的一個問題，都是一個困難。當困難出來的時候，本於個人的知識、學問，就不知不覺地提出假設，假定有某幾種可以解決的方案。

比方諸位在台灣這幾年看見雜誌上有討論《紅樓夢》的文章，就是所謂「紅學」，到底《紅樓夢》有什麼可以研究呢？《紅樓夢》發生了什麼問題呢？普通人看《紅樓夢》裡面的人物，都是不發生問題的，但是有某些讀者卻感覺到《紅樓夢》發生了問題。

《紅樓夢》究竟是什麼意思？當時寫賈寶玉、林黛玉這些人的故事有沒有背景？有沒有「微言大義」在裡面？寫了一部七、八十萬字的書來講賈家的故事，講一個紈袴子弟賈寶玉同許多漂亮的丫頭、漂亮的姊妹親戚們的事情，有什麼意義沒有？這是一個問題。怎麼解決這個問題呢？當然你有一個假設，他也有一個假設。

在二、三十年前，我寫《紅樓夢》考證的時候，有許多關於《紅樓夢》引起的問題的假設的解決方案。有一種是說《紅樓夢》含有種族思想，書中的人物都是影射當時滿州的官員；林黛玉事暗指康熙時候歷史上一個有名的男人，薛寶釵、王鳳姐和那些丫頭們都是暗指歷史上的人物。

還有一種假設說，賈寶玉是指一個滿州宰相明珠的兒子叫做納蘭性德——他是一個了不起的才份很高的文學家——那些丫頭、姊妹親戚們都是代表宰相明珠家裡的一班文人清客；把書中漂亮的小姐們，如林黛玉、薛寶釵、王鳳姐、史湘雲等人都改裝過來化女爲男。我認爲這是很不可能，也不需要化裝變性的說法。

後來我也提出一個假設。我的假設是很平常的，《紅樓夢》這本書，從頭一回起，作者就說這是我的自傳、是我親自所看見的事體。我的假設就是說，《紅樓夢》是作者的自傳，是寫他親自看見的家庭。賈寶玉就是曹雪芹；《紅樓夢》就是寫曹家的歷史。

曹雪芹是什麼人呢？他的父親叫曹頫，他的祖父叫做曹寅；一家三代四人都做江寧織造，做了差不多五十年。所謂寧國府、榮國府，不是別的，就是指他們祖父、父親、兩個兒子，三代四個人把持五十多年的江寧織造的故事。

書中說到，「皇帝南巡的時候，我們家裡接駕四次。」如果在普通人家，招待皇帝四次是可能傾家蕩產的；這些事在當時是値得一吹的。

所以，曹雪芹雖然將眞事隱去，仍然捨不得要吹一吹。曹雪芹後來傾家蕩產做了文丐、成了叫化子的時候，還是讀書、喝酒，跟書中的賈寶玉一樣。這是一個假設，我舉出來做一個例子。

要解決《紅樓夢》有什麼用意這個問題，當然先要有許多假設。提出問題求解決，是很好的事情；但先要看這些假設是否能夠得到證明。凡是解決一個困難的時候，一定要有證明。

我們看這些假設，有的說這本書是罵滿州人的，是滿州人統治中國的時候，漢人含有民族隱痛，寫出了來罵滿州人的。有的說是寫一個當時的大戶人家，即宰相明珠家中天才兒子納蘭性德的事。有的則說是寫康熙一朝的政治人物。

而我的假設呢？我認為這部書不是談種族的仇恨，也不是講康熙時候的事。都不是的！從事實上照極平常的做學問的方法，我提出一個很平常的假設，就是《紅樓夢》作者在開頭時所說的；他是在說老實話，把他所看見的可愛的女孩子們描寫出來；所以書中描寫的人物、個性才能如此生動。方才所說的「大膽的假設」，就是這種假設。我恐怕我所提出的假設只夠得上小膽的假設罷了！

凡是做學問，不只是文史方面，其它也應當具備有這樣的精神。譬如在化學實驗室做定性分析，先是給你一盒東西，對於這盒東西你先要做幾個假設；假設某種顏色的東西是什麼，然後在到火上去燒燒，看看試驗管發生了什麼變化……這都是問題。

這與《紅樓夢》的解釋與做學問的方法是一樣的。我們的經驗、我們的學問，是給我們一點知識以供我們提出各種假設的。所以「大膽的假設」就是人人可以提出的假設。

因爲人人的學問、人人的知識不同，我們當然要容許他們提出各種各樣的假設——死知識、死學問是幹什麼用的呢？爲什麼你們在學校的這幾年中，有許多必修與選修的學科？

這些都是給你們用的，就是使你在某種問題發生的時候，腦背後就這邊湧上一個假設、那邊湧上一個假設。做學問、上課、一切求知識的事情、一切經驗——從到現在的經驗、所有學校裡的功課語課外的學問，爲的都是供給你種種假設的來源，使你在問題發生時有假設的材料。

如果遇上一個問題，手足無措，那就是學問、知識、經驗，不能應用，所以看到一個問題發生，就沒有法子解決。這就是學問知識裡面不能夠供給你一些活的材料，以爲你做解決問題的假設之用。

單是假設是不夠的，因爲假設可以有許多。譬如《紅樓夢》這一部小說，就引起了這麼多假設。所以第二步就是我所謂「小心的求證」。

在眞正求證之先，「假設」一定要仔細選擇。這許多假設，就是假定的解決方法，看哪一個假定的解決方法是比較近情理一點，比較可以幫助我們解決那個開始發生困難的問題。

譬如《紅樓夢》是講什麼？有什麼意思沒有？有這麼多的假設的解釋來了，在挑選的時候，先要看哪一個假定的解釋比較能幫助你解決問題，然後說，對於這一個問題，我認為我的假設是比較能夠滿意解決的。

譬如我的關於《紅樓夢》的假設，曹雪芹寫的是曹家的傳記，是曹雪芹所看見的事實。賈母就是曹母，賈母以下的丫頭們也都是他所看見的眞實人物。當然名字是改了、姓也改了。但是我提出這一個假設，就是說《紅樓夢》是曹雪芹的自傳，最要緊的是要「求證」。

我能夠證實它，我的假設才站得住；不能證實，它就站不住。求證就是要看你自己所提出的事實是不是可以幫助你解決那個問題。要知道《紅樓夢》在講什麼，就要做《紅樓夢》的考證。

現在我可以跟諸位做一個坦白的自白，我在做《紅樓夢》考證那三十年中，曾經寫了幾十篇關於小說的考證，如《水滸傳》、《儒林外史》、《三國演義》、

《西遊記》、《老殘遊記》、《三俠五義》等書的考證。而我費了最大力量的，是一部講怕老婆的趣事的書，叫做《醒世姻緣》，約有一百萬字。我整整花了五年工夫，做了五萬字的考證。

也許有人要問，胡適這個人是不是發了瘋呢？天下可做學問很多，而且是學農的，爲什麼不做一點物理、化學等有關科學方面的學問？而爲什麼要花那麼多年的功夫來考證《紅樓夢》、《醒世姻緣》呢？

我現在做一個坦白的自白，就是我想用偷關漏稅的方法，來提倡一種科學的治學方法。我所有的小說考證，都是用人人都知道的材料；用偷關漏稅的方法，來講做學問的方法的。譬如講《紅樓夢》，至少我對於研究《紅樓夢》問題，我對它的態度的謹嚴，自己批評的嚴格，方法的自覺，同我考據研究《水經注》是一樣的。

我對於小說材料，看做同化學問題的藥品材料一樣，都是材料。我拿《水滸傳》、《醒世姻緣》、《水經注》等書做學問的題材。拿一種人人都知道的材料用偷關闢稅的方法，要人家不自覺的養成一種「大膽的假設，小心的求證」的方法。

假設是人人可以提的。譬如有人提出駭人聽聞的假設也無妨。假設是愈大膽愈好。但是提出一個假設，就要想法子證實它。因此我們有了大膽的假設以後，還不要忘了小心的求證。

比如我考證《紅樓夢》的時候，我得到許多朋友的幫助，我找到許多材料；我已經印出的本子，是已經改了多少次的本子。

我先要考出曹雪芹於《紅樓夢》以外有沒有其他的著作？他的父親、叔父們有沒有什麼關於他的記載？關於他一家四代五個人，由其是關於他的祖父曹寅，有多少材料可以知道他那時候的地位？家裡有多少錢、多麼闊？是不是眞正能夠招待皇帝到四次？

我把這些有關的證據都想法子找了來，加以詳密的分析，結果才得到一個比較滿意的假設，認定曹雪芹寫《紅樓夢》，並不是什麼微言大義；只是一部平淡無奇的自傳——曹家的歷史。我得到這一家四代五個人的歷史，就可以幫助說明。

當然，我的假設並不是說就完全正確；但至少可以在這裡證明「小心求證」這個功夫是很重要的。

現在我在舉一個例來說明。方才我說的先是發生問題，然後是解決問題。要眞正證明一個東西，才做研究。要假設一個比較最能滿意的假設，來解決當初引起的問題；譬如方才說的《紅樓夢》，是比較複雜的。

但是我認爲經過這一番的研究、經過這一番材料的搜集、經過這一番把普通人不知道的材料，用有系統的方法來表現出來、敘述出來，我認爲我這個假設在許多假設當中，比較能滿意的解答是——《紅樓夢》說的是什麼？有什麼意思？

方才我提到一部小說，恐怕是諸位沒有看過的，叫做《醒世姻緣》，差不多有一百萬字，比《紅樓夢》還長，可以說是中國舊小說中最長的。這部書講一個怕老婆的故事。他討了一個最可怕的太太。

這位太太用種種方法打丈夫的父母、朋友。他對於丈夫，甚至於一看見就生氣；不但是打，有一次還用燒得熱熱的紅炭，從他丈夫的官服員領口倒了進去，幾乎把他燒死；有一次用洗衣的棒槌打了他六百下，也幾乎打死他。

把這樣一個怕老婆的故事敘述了一百萬字以上，結果還是沒有辦法解脫。爲什麼呢？說這是前世的姻緣。書中一小半，差不多有五分之一是寫前世的事，後半部是講第二世的故事。

在前世被虐待的人，是這世的虐待者。婚姻問題是前世的姻緣，沒有法子解脫的，想解脫也解脫不了。結果只能念經、做好事。照現在摩登時代的眼光看，這是一個很迷信的故事。

但是這部書是了不得的。用一種山東淄川的土話描寫當時的人物，是有一種詼諧的風趣的；描寫荒年的情形更是歷歷如繪，這可以說是世界上一部偉大的小說。我就提倡把這部書用新的標點符號點出來，同書局商量翻印。

寫這本書的人是匿名，叫西周生。西周生究竟是什麼人呢？於是我做了一個大膽的假設，這個假設可以說是大膽的。（方才說的，我對於《紅樓夢》的假設，可以說是膽小的假設。）我認為這部書就是《聊齋誌異》的作者蒲松齡寫的。

我這個假設有什麼根據？為什麼我要做這個假設？而這個假設又是從哪裡來的呢？平常的經驗、知識、學問，都是給我們假設用的。我的證據是在《聊齋誌異》上一篇題名〈江城〉的小說。這個故事的內容結構與《醒世姻緣》一樣。不過〈江城〉是一個文言的短篇小說；《醒世姻緣》是白話的長篇小說。《醒世姻緣》所描寫的男主角所以怕老婆，是因為他前世曾經殺過一個狐仙，下一世狐仙就轉變為一個女人做他的太太，變得很兇狠可怕。

《聊齋誌異》裡面的短篇〈江城〉所描寫的，也是因爲男主角殺過一個長生鼠，長生鼠也就轉世變爲女人來做他的太太，以報復前世的冤仇。這兩個故事的結構實在太像了，而且又同時出在山東淄川，所以我就假設西周生就是蒲松齡。

我又用語言學的方法，把裡面許多方言找出來。運氣很好，正巧那幾年國內發現了蒲松齡的幾部白話戲曲，由其是長篇的戲曲，當中有一篇是將〈江城〉的故事編寫成白話戲曲的。我將這部戲曲裡的方言找出來，和《醒世姻緣》裡面的方言詳細比較，有許多特別的字集成爲一個字典，最後就證明《醒世姻緣》和〈江城〉的白話戲曲的作者是同一個小區域裡的人。再用別的方法來證明那個時代的荒年；後來從歷史的記載裡得到同樣的結果。

考證完了以後，就有書店主來商量印行，並排好了版。我因爲想更確實一點，要書局等一等；一等就等了五年，才總算印了出來。當時傅先生很高興——因爲他是作者的同鄉，都是山東人。我舉這一個例，就是說明要大膽的假設，而單只假設還是不夠的。

後來我有一個在廣西桂縣的學生來了封信，告訴我說，這個話不但你說，從前已經有人說過了。乾隆時代的鮑延博，他說留仙（蒲松齡）除了《聊齋誌異》以外，還有一部《醒世姻緣》。因鮑延博是刻書的，曾刻行《聊齋誌異》。他說的話值得注意。我經過幾年的間接證明，現在至少有個直接的方法幫助我證明了。

我所以舉這些例，把這些小說當成待解決的問題看，目的不過是要拿這些人人都知道的材料，來灌輸介紹一種做學問的方法。這個方法的要點，就是方才我說的兩句話：「大膽的假設，小心的求證。」

如果一個有知識、有學問、有經驗的人遇到一個問題，當然要提出假設、假定的解決方法。最要緊的是還要經過一番小心的證實，或者否決它。如果你認為證據部充分，就寧肯懸而不決，不去下判斷，再去找材料。所以小心的求證很重要。

今天我講治學方法第二講：**方法的自覺**。單說方法是不夠的，文史科學和社會科學的錯誤，往往由於方法的不自覺。

方法的自覺，就是方法的批評；自己批評自己、自己檢討自己；發現自己的錯誤、糾正自己的錯誤。做科學實驗室工作的人，比較沒有危險，因為他隨時隨地都有實驗的結果，可以糾正自己的錯誤。

他假設在某種條件之下應該生某種結果，如果某種條件具備而不產生某種結果，這就是假定的錯誤。他便毫不猶豫的檢討錯誤在什麼地方，重新修正。所以他可以隨時隨地的檢討自己、批評自己、修正自己，這就是「自覺」。

所以，我們要養成自覺的習慣，必須樹立兩個自己審查的標準：

第一、我們要問自己，你提出的這個證人可靠嗎？他有作證人的資格嗎？你提出來的證物可靠嗎？這件證物是從哪裡來的？（這個標準是用來批評證據的。）

第二、我們還要問自己，你提出的這個證人或者證物是要證明本案的哪一點？譬如，你說這個人偷了你的錶，你提的證據卻是他昨天晚上打老婆；這即是不相干的證據，這不能證明他偷了你的錶。像這種證據，須要趕出法庭之外去。

要做到方法的自覺，我覺得唯一的途徑，就是自己關起門來做考據的時候，就要如臨師保、如臨父母。我們至少要做到上面所提的兩個標準，即（一）要審查自己的證據可靠不可靠；（二）要審查自己的證據與本案有沒有相干。還要假定對方有一個「律師」在那裡，隨時要駁斥或者推翻我們的證據。如果能夠做到這樣，也許可以養成我開始所講的那個態度，就是要嚴格的不信任一切沒有充分證據的東西。就是我的提議。

科學方法是怎麼得來的呢？一個人有好的天資、好的家庭、好的學校、好的先生，在極好的環境當中，就可以養成了某種好的治學的習慣，也可以說是養成了好的做人的習慣。

比方明朝萬曆年間福建陳第先生，用科學方法研究中國的古音，證明衣服的「服」字，古音讀「逼」；他從古書裡面，舉出二十個證據來證明。

過了幾十年，江蘇昆山的一個大思想家，也是大考據家顧亭林先生，也做同樣的考證；他舉出一六二個證據來證明「服」字，古音「逼」。

那個時候，並沒有歸納法、演繹法，但是他們從小養成了某種做學問的好習慣。所以，我們要養成方法的自覺，最好是如臨師保、如臨父母；假設對方有律師在打擊我、否認我所提出的一切證據，這樣就能養成良好的習慣。

《宋人筆記》中記一個少年進士問同鄉老前輩：「做官有什麼祕訣？」那個老前輩是個集政（副宰相），約略等於現在行政院的副院長，回答道：「做官要勤、謹、和、緩。」後人稱為「做官四字訣」。

我在小孩子的時候，就聽到這個故事，當時沒有注意。從前我們講治學方法，講歸納法、演繹法。後來年紀老一點了，才曉得做學問有成績沒有，並不在於讀了「邏輯學」沒有，而在於有沒有養成「勤、謹、和、緩」的良好習慣。這四個字不但是做官的祕訣，也是良好的治學習慣。

現在我把這四個字分別說明，作為今天演講的結論。

第一、勤——勤是不躲懶、不偷懶。我上次在台大演講，提到台大前校長傅斯年先生兩句口號：「上窮碧落下黃泉，動手動腳找東西。」那就是勤。顧亭林先生的證明「服」字，古音是「逼」，找出一六二個證據，也是勤。

我花了幾年的功夫來考據《醒世姻緣》的作者；又為審判《水晶注》的案子，上天下地去找材料，花了五年多的功夫。這都是不敢躲懶的意思。

第二、謹——謹是不苟且、不潦草、不拆濫污。謹也可以說是恭敬的「敬」。孔夫子說「執事敬」，就是教人做一件事要鄭重的去做，不可以苟且。他又說：「出門如見大賓，使民如承大祭。」都是敬事的意思。一點一滴都不苟且、一字一筆都不放過，就是謹。謹，就是「小心求證」中的「小心」兩個字。

剛才我引了赫胥黎的兩句話：「人生最神經的一件舉動就是嘴裡說出，心裡卻覺得：『我相信某件事物是眞的』。」判斷某人做賊、某人賣國，要以神經的態度做出來；嘴裡說這句話，心裡覺得「相信是眞的」。這眞是要用孔夫子所謂「如見大賓，如承大祭」態度的。所以，謹就是把事情看得嚴重、神經，就是謹愼。

第三、和——和是虛心、不武斷、不固執成見、不動火氣。做考據，尤其是用證據來判斷古今事實的眞僞、有無、是非，不能動火氣，不但不正當的火氣不能動，就是正義的火氣也動不得。做學問要和平、虛心。動了肝火，是非就看不清楚。

赫胥黎說：「科學好像教訓我們，你最好站在事實的面前，像一個小孩子一樣；要願意拋棄一切先入的成見、要謙虛的跟著事實走，不管它帶你到什麼危險的境地去。」這就是和。

第四、緩——宋人筆記：「當那位參政提出『緩』字的時候，那些性急的人就抗議說緩要不得，不能緩。」

緩，是很要緊的，就是叫你不要急、不要輕易發表、不要輕易下結論；就是說：「涼涼去吧！擱一擱、歇一歇吧！」凡是證據不充分或不滿意的時候，姑且懸而不斷，懸一年、兩年都可以。

懸，並不是不管，而是去找新材料。等找到更好的證據的時候，再來審判這個案子，這事最重要的一點。許多問題，在證據不充分的時候，絕對不可以下判斷。

達爾文有了生物進化的假設以後，搜集證據、反覆實驗；花了二十年的功夫，還以爲自己的結論沒有到達完善的地步，而不肯發表。他同朋友通信，曾討論到生物的演化是從細微的變易積聚起來的，但是總不肯正式發表。

後來到了一八五八年，另外一位科學家華萊士（Wallace）也得到了同樣的結論；寫了一篇文章寄給達爾文，要達爾文代爲提出。達爾文不願自己搶先發表而減低華萊士發現的功績，遂把全盤事情交給兩位朋友處理。後來這兩位朋友決定，把華萊士的文章及達爾文在一八五七年寫給朋友的信和一八四四年所做理論的撮要，同時於一八五八年七月一日發表。

達爾文這樣的謙讓，固然是盛德，但最重要的是他給了我們一個「緩」的例子。他的生物進化論，因爲自己覺得證據還沒有十分充足，從開始想到以後，經過二十年還不肯發表，這就是緩。我以爲「緩」字很重要。如果不能緩，也就不肯謹、不肯勤、不肯和了。

我今天講的都是平淡無奇的話。最重要的意思是，做學問要能夠養成「勤、謹、和、緩」的好習慣；有了好習慣，當然就有好的方法、好的結果。

歷史科學的方法

地質學、古生物學皆是屬於歷史科學，本人特別在此提出一八八〇年赫胥黎關於研究古生物的一篇有名的講詞〈柴狄的方法〉（On the Method of Zadig）的故事來談談。

赫氏所講故事裡的「柴狄」是法國一位大哲人伏爾泰（Voltaire）所著的小說裡的主人翁，在這書中柴狄是一位巴比倫的哲學家，他喜歡仔細觀察事物。

有一天他在森林中散步，恰巧王后的小狗走失了，僕人以爲那隻狗一定被他偷藏了，就要逮捕他，這時又有一群人來找尋國王失了的馬。柴狄又說出那馬是一匹頭等快跑的馬，身高五尺，尾長三尺半，馬蹄上帶著銀套，嘴銜勒上有23 K金的飾品，於是他就以偷竊王家的狗和馬的嫌疑被捕了。

在法庭上柴狄爲自己辯護，他指出，他根據沙上的痕跡就可以判斷那狗是剛生小狗的母狗，左後足是跛的。根據路旁樹葉脫落的情況，可以判斷馬的高度。根據路的寬度和兩旁樹葉破碎的情形，可以判斷馬尾的長度。馬嘴曾碰石頭，那石頭上的痕跡，可以推知馬銜勒是23K金製成。根據馬的足跡，可以判斷這是一匹頭等快跑的馬。

隨後狗和馬都在別處找到了，柴狄無罪被釋。

赫胥黎說，古生物學的方法其實就是「柴狄的方法」。

歷史學家、考古學家、古生物學家、地質學家以及天文學家所用的研究方法，就是這種觀察推測的方法。地質學和古生物學都是「歷史的科學」，亦同樣根據一些事實來推斷造成這些事實的原因。

歷史的科學和實驗的科學方法有什麼分別呢？實驗的科學可以由種種事實歸納出一個通則。

歷史的科學如地質學等也可以說是同樣用這種方法。但是實驗科學歸納成通則之後，還可以用演繹法，依照那通則來做實驗，看看某些原因具備之後是否一定發生某種預期的結果。實驗就是用人工造出某種原因，來試驗是否可以發生某種結果。這是實驗科學和歷史科學最不同的一個要點。

地質學和其他歷史的科學，雖然也都依據因果律，從某些結果推知當時產生這些結果的原因，但歷史科學的證據大部分是只能搜求、只能發現，而無法再造出來反覆實驗的。

天文學的歷史部分可以上推千萬年的日月蝕，也可以下推千萬年的日月蝕，也還可以推知某一個慧星大約在某年可以重出現，但那些可以推算出來的天文現象，也不是用人工製造出來的。但我看見一位歐洲考古學家用兩塊石頭相劈，削成「原始石器」的形狀。

正因爲歷史科學上的證據，絕大部分是不能再造出來做實驗的，所以我們做這幾門學問的人，全靠最勤勞的工夫去搜求材料，用最精細的工夫去研究材料、用最謹嚴的方法去批評審查材料。

這種工夫、這種方法，赫胥黎在八十年前曾指出，還不過是「柴狄的方法」。柴狄的方法，其實就是我們人類用常識來判斷推測的方法。

赫胥黎說：「遊牧的民族走到了一個地方，看見了折斷了的樹枝、踏碎了的樹葉、擾亂了的石子、不分明的腳印，從這些痕跡上，他們不但可以推斷有一隊人曾打這裡經過，還可以估計哪一隊的人數有多少、有多少馬匹、從什麼方向來、從什麼方向去、過去了幾天了。」

歷史科學的方法不過是人類常識的方法，再加上更嚴格的訓練和更謹嚴的紀律而已。

科學的人生觀

今天講的題目，就是「科學的人生觀」，研究人是什麼東西？在宇宙中佔據什麼地位？人生究竟有何意味？

因爲少年人近來覺得很煩悶，自殺、頹廢的都有，我至少多吃了幾斤鹽、幾擔米，所以來計劃、計劃，研究自身人的問題。至於人生觀，各人不同，都隨環境而改變，不可以一個人的人生觀去統理一切；因爲公有公理，婆有婆理，我們至少要以科學的立場，去研究它、解決它。

科學的人生觀有兩個意思：（一）拿科學做人生觀的基礎；（二）拿科學的態度、精神、方法，做我們生活的態度、生活的方法。

現在先講第一點，就是人生是什麼？拿科學的研究結果來講，我在民國十二年發表了十條，這十條就是武昌有一個主教，稱爲新的《十誡》，說我是中華基督教的危險物的。十條內容如下：

第一、要知道空間的大　拿天文、物理考察，得著宇宙之大；從前孫行者翻筋斗，一翻翻到南天門，一翻翻到下界，天的觀念，何等的小？現在從地球到銀河中間的最近的一個星，中間距離，照孫行者一秒鐘翻十萬八千里的速率計算，恐怕翻一萬萬年也翻不到，宇宙是何等的大？

地球是宇宙間的滄海之一粟、九牛之一毛；我們人類，更是小，眞是不成東西的東西！以前看人的地位看得太重了，以爲是萬物之靈、同大地並行，凡是政治不良，就有彗星、地震的徵象，這是錯的。

從前王充很能見得到，說：「一個虱子不能改變那褌子裡的空氣，和那人類不能改變皇天一樣。」所以我們眼光要大、要遠。

第二、時間是無窮的長　從地質學、生物學的研究，曉得時間是無窮的長，以前開口五千年、閉口五千年，以爲目空一切，不料宇宙太陽系的存在，在幾萬萬年的歷史，地球也有幾萬萬年；生物至少有幾千萬年，人類也有兩、三百萬年，所以五千年占很小的地位。明白了時間之長，就可以看見各種進步的演變，不是上帝一刻可造成的。

第三、宇宙間自然的行動　根據一切科學，知道宇宙、萬物都有一定不變的自然行動。「自然自己，也是如此」，就是自己做自我主宰，各物亦各自主宰的行動；並沒有一種背後的指示，或是一個主宰去規範他們。明白了這點，對於月蝕是月亮被天狗所吞的種種迷信，可以打破了。

第四、物競天擇的原理　從生物學的知識，可以看到物競天擇的原理。鯽魚下卵有幾百萬個，但是變魚的只有幾個；否則就要變成「鯽魚世界」了！大的吃小的，小的又吃更小的，人類亦是如此。從此曉得人生不受安排，是自我主宰的行動；否則要安排起來，爲什麼不安排一個完善的世界呢？

第五、人是什麼東西　從社會學、生理學、心理學方面去看，人是什麼東西？吳稚暉先生說：「人是兩手、一個腦的動物，與其他的不同，只在程度上的區別罷了。」人類的手，與雞、鴨的掌差不多，實是他們的弟兄輩。

第六、人類是演進的　根據了人種學來看，人類是演進的；因爲要應付環境，所以要慢慢的變；不變不能生存，要滅亡了。所以從下等的動物，慢慢演進到高等的動物，現在還是演進。

第七、心理受因果律的支配　根據心理學、生物學來講，心理現狀是有因果律的。思想、做夢，都受因果律的支配，是心理、生理的現象，和頭痛一般；所以說人的心理超過一切，是不對的。

第八、道德、禮教的變遷　照生理學、社會學來講，人類道德、禮教也會變遷的。以前以爲腳小是美觀，但是現在腳小要裝大了。所以道德、禮教的觀念，正在改變。以二十年、兩百年或兩千年以前的標準，來判斷二十年、兩百年、兩千年後的狀況，是格格不相入的。

第九、各物都有反應　照物理、化學來講，物質是活的原子分爲電子，故是動的。石頭倘然加了化學品，就有反應，像人打了一記，就有反應一樣。不同的，只在程度有所差異罷了。

第十、人的不朽　根據一切科學知識，人是要死的，物質上的腐敗，和貓死、狗死一般；但是個人不朽的工作，是功德，在立德、立功、立言。善惡都是不朽。

一塊痰中，有微生物，這菌能散佈到空間，使空氣都惡化了；人的言語，也是一樣。凡是功業、思想，都能傳之無窮；匹夫、匹婦，都有其不朽的存在。

我們要看破人世間——時間之偉大，歷史的無窮。人，是最小的動物，處處都在演進，故要去掉那小我的主張；但是那小小的人類，居然現在對於制度、政治各種都有所進步。

以前都是拿科學去答覆一切，現在要用什麼方法解決人生，各人也有各人的方法，但是，至少要用那科學的方法、精神、態度去做。分四點來講：

1．**懷疑**——第一點是懷疑。三個不相信的態度，人生問題就很多。有了懷疑的態度，就不會上當。以前我們幼時的智識，都從阿金、阿狗、阿毛等黃包車夫及娘姨處學來；但是現在自己要反省，問問以前的知識是否靠得住？

2．**事實**——我們要實事求是，現在像貼貼標語，什麼「打倒田中義一」等等，都僅務虛名；像豆腐店裡生意不好，看看「對我生財」洩悶一樣。又像是以前的畫符，一畫符，病就好的思想。貼了「打倒帝國主義」，帝國主義就眞個打倒了嗎？這不對，我們應做切實的工作，奮力的做去。

3．**證據**——懷疑以後，相信總要相信，但是相信的條件，就是拿憑據來。有了這一句，論理學諸書，都可以不讀。赫胥爾的兒子死了以後，宗教家去勸他信教，但是他很堅決的說：「拿有上帝的證據來。」有了這種態度，就不會上當。

4．**真理**——朝夕的去追求眞理，不一定就要成功，因爲眞理無窮、宇宙無窮；我們去尋求，是盡一點責任，希望在總分上，加上萬萬分之一。勝固是可喜，敗也不足憂。明知賽跑，只有一個人第一，我們還要跑去，不是爲我、爲私，是爲大家。發明不是爲發財，是爲人類。英國有一個醫生，發明了一種治肺的藥；但是因爲自祕，就被醫學會開除了。

所以科學家是爲求眞理。莊子雖有「吾生也有涯，而知也無涯，以有涯逐無涯，殆矣！」的話頭，但是我們還要向上做去，得一分就是一分、一寸就是一寸，可以有阿基米德發現浮力時叫「**Eureka**」（歡呼用語，即「我找到了」之意）的快活。有了這種精神，做人就不會失望。

所以人生的意味，全靠你自己所爲；你要它圓就圓、方就方，是有意味的。因爲眞理無窮、趣味無窮；進步、快活也無窮盡。

思想起於疑難

杜威先生的哲學的基本觀念是：「經驗即是生活，生活即是應付環境。」但這應付環境有高下的程度不同。許多蛆在糞窖裡滾去滾來，滾上滾下，滾到牆壁，也會轉彎子，這也是對付環境。

一隻蜜蜂飛進屋裡打幾個迴旋，「嗤」的一聲直飛向玻璃窗上，頭碰玻璃，跌倒在地。牠掙扎起來，還向玻璃窗上飛，這一回小心了，不致於撞破頭；牠飛到玻璃上，爬來爬去，想尋出一條出路：牠的「指南針」只是光線，牠不懂這光明的玻璃何以不同那光明的空氣一樣？何以飛不出去？這也是應付環境。

一個人出去探險，走進一個無邊無際的大樹林裡，迷了路，走不出來了。他爬上樹頂，用千里鏡四面觀望，也看不出一條出路。

他坐下來仔細想一想，忽聽得遠遠的有流水的聲音；他忽然想起水流必定出山，人跟著水走，必定可以出去。主意已定，他先尋到水邊，跟著水走，果然走出了危險。這也是應付環境。

以上三種應付環境，所以高下不同，正爲知識程度的不同。蛆的應付環境，完全是無意識的作用；蜜蜂能用光線的指導去尋出路，已可算是有意識的作用了。但牠不懂得光線有時未必就是出路的記號，所以牠碰著玻璃就受窘了；人是有知識、能思想的動物，所以他迷路時，不慌不忙的爬上樹頂，取出千里鏡，或是尋著溪流，跟著水走出去。

人的生活所以尊貴，正因爲人有這種高等的應付環境的思想能力。故杜威的哲學基本概念是：「知識、思想是人生應付環境的工具。」知識、思想是一種人生日用而不可缺少的工具，並不是哲學家的玩意兒和奢侈品。

總括一句話，杜威哲學的最大目的只是怎樣能使人類養成那種「創造的智慧」（Creative Intelligence），使人應付種種環境而使之充分滿意。換句話說，杜威的哲學的最大目的是怎樣使人有創造的思想力。

因爲思想在杜威的哲學系統裡佔如此重要的地位，所以我現在就介紹杜威的思想論。

思想究竟是什麼呢？（一）戲台上說的「思想起來，好不傷慘人也」，那個「思想」是回想、是追想，不是杜威所說的「思想」。（二）平常人說的「你不要胡思亂想」，那種「思想」是「妄想」，也不是杜威所說的「思想」。

杜威說的思想，是用已知的事物做根據，由此推測出別種事物或眞理的作用。這種作用，在論理學書上叫做「推論的作用」（Inference）。

推論的作用只是從已知的事物推到未知的物事，有前者做根據，使人對於後者生信用。

這種作用，是有根據、有條理的思想作用，這才是杜威所指的「思想」。這種思想有兩大特性：（一）須先有一種疑惑困難的情境做起點。（二）須有尋思搜索的作用，要尋出新事物或新知識來解決這種疑惑困難。

譬如上文所舉那個在樹林中迷了路的人，他在樹林裡東行西走，迷了方向尋不出路子；這便是一種疑惑困難的情境，這是第一個條件。

那迷路的人爬上樹頂遠望，或取出千里鏡四望，或尋到流水，跟水出山；這都是尋搜索的作用，這是第二個條件。這兩個條件都很重要。

人都知「尋思搜索」是很重要的，但是很少人知道疑難的境地，也是一個不可少的條件。因為我們平常的動作，如吃飯、呼吸之類，多是不用思想的動作；有時有思想，也不過是東鱗西爪的胡思亂想。直到疑難發生時了，方才發生思想推考的作用。

有了疑難的問題，依定了思想的目的；這個目的，便是如何解決這個困難。有了這個目的，此時的尋思搜索，便都向著這個目的上去，而不再是無目的的胡思亂想了。

所以杜威說：「疑難的問題，定思想的目的；思想的目的，定思想的進行。」

杜威論思想，分做五步驟說：（一）疑難的境地；（二）指定疑難之點究竟在何處；（三）假定種種解決疑難的方法；（四）把每種假定所含的結果，一一想出來，看哪一個假定能夠解決這個困難；（五）證實這種解決使人信用；或證明這種解決的謬誤，使人不信用。於此再將五步驟加以分說明：

第一、思想的起點是一種疑難的境地。——上文說過，杜威一派的學者認定思想爲人類應付環境的工具。人類的生活若是處處沒有障礙、時時方便如意，那就用不著思想了。

但是人生的環境，常有更換、常有不測的變遷。到了新奇的局面，遇著不曾經慣的物事，從前那種習慣的生活方法都不中用了。譬如看中國白話小說的人，看到正高興的時候，忽然碰到一段極難懂的話，自然發生一種疑難。

又譬如上文那個迷了路的人，走來走去，走不出去；平時的走路本事，都不中用了。到了這種境地，我們便尋思：「這段話怎麼解呢？」、「這個大樹林的出路怎麼尋得出呢？」、「這件事怎麼辨呢？」、「這便如何是好呢？」

這些疑問，便是思想的起點。一切有用的思想，都起於一個疑問符號；一切科學的發明，都起於實際上或思想界裡的疑惑困難。宋朝的程頤說，「學原於思。」這話固然不錯，但是懸空講「思」，是沒有用的。他應該說「學原於思，思起於疑。」「疑難」才是思想的第一步。

第二、指定疑難之點究竟在何處。——有些疑難是很容易指定的，例如上文那個人迷了路，他的問題是怎麼尋一條出險的路子，這是很容易指定的。但是有許多疑難，我們雖然覺得是疑難，但一時不容易指定究竟哪一點是疑難的眞問題。

我且舉一個例，《墨子小取篇》有一句話：「辟（譬）者，舉也物而以明之也。」初讀的時候，我們覺得「舉也物」三個字不可解，是一種疑難。畢沅注《墨子》逕說這個「也」字是衍文，刪了便是了。王念孫讀到這裡，覺得畢沅看錯疑難的所在了。

因爲這句話裡的眞疑難不在一個「也」字的多少，乃在研究這個地方既然跑出一個「也」字來，究竟這個字可以有解說沒有解說。如果先斷定這個「也」字是衍文，那就近於武斷，不是科學的思想了。

這一步的工夫，平常人往往忽略過去，以爲可以不必特別提出（參考《新潮雜誌》第一卷第四號汪敬熙君的「什麼是思想」）。杜威以爲這一步是很重要的，這一步就同中醫的「脈案」、西醫的「診斷」一般重要。

你請一個醫生來看病，你先告訴他說你有點頭痛，發熱，肚痛……你昨天吃了兩隻螃蟹，又吃了一粒冰淇淋，大概是傷了食。這是你胡亂猜想的，不大靠得住。

那位醫生如果是一位好醫生，他一定不睬你說的。他要先看你的舌苔、把你的脈、看你的氣色、問你肚子哪一塊作痛、大便如何、看你的熱度如何……然後下一個「診斷」，斷定你的病在「什麼地方」。若不如此，他便是犯了武斷不細心的大毛病了。

第三、提出種種假定的解決方法。——既經認定疑難在什麼地方了，稍有經驗的之，自然會從所有的經驗、知識、學問裡面，提出種種的解決方法。

例如，上文那個迷路的人要有一條出路，他的經驗告訴他爬上樹頂去望望看，這是第一個解決法。這個法子不行，他又取出千里鏡來，四面遠望，這是第二個解決法。

這個法子又不行，他的經驗告訴他遠遠的「嘩啦、嘩啦」的聲音是流水的聲音；他的學問又告訴他說，水流由有出路，人跟著水行必定可以尋一條出路。這是第三個解決法。這都是假定的解決。

又如上文所說《墨子》「辟也者，舉也物而以明之也」一句。畢沅說「也物」的也字是衍文，這是第一個解決。王念孫說「也」字當做「他」字解，「舉也物」

即是「舉他物」，這是第二個解決。──這些假定的解決，是思想的最要緊的一部分，可以算是思想的骨幹。

我們說某人能思想，其實只是說某人能隨時提出種種假定的意思，來解決所遇著的困難。但是我們不可忘記，這些假設的解決，都是從經驗、學問上生出來的。沒有經驗、學問，絕沒有這些假設的解決。

有了學問若不能隨時發生解決疑難的假設，那便成了吃飯的書櫥，有學問等於無學問。經驗、學問所以可貴，正因爲他們可以供給這些假設的「解決」的材料。

第四、決定哪一種假設是適用的解決。──有時候，一個疑難的問題能引起好幾個假設的解決法。即如上文迷路的例子有三種假設、一句《墨子》有兩種解法。思想的人，遇著幾種解決法發生時，應該把每種假設所含的意義，一一的推演出來，即如果用這一種假設，應該有什麼結果？另外這種結果是否能解決所遇的疑難？如果某種假設，比較起來最能解決困難，我們便可採用這種解決。

例如《墨子》的「舉也物」一句，畢沅的假設是刪去「也」字，如果用這個假設，則有下列兩層結果：

強得很。

（一）刪去這個字，成了「舉物而以明之也」，雖可以勉強講得通，但是卻牽

（二）校勘學的方法，最忌「無故衍字」，凡衍一字必須問當初寫書的人，何以多寫一個字；我們雖可以說抄《墨子》的人因上下文都有「也」字，所以無心中多寫了一個「也」字，但這個「也」字是一個煞尾的字，何以在句中多出這個字來？

如此看來，畢沅的假設雖可勉強解說，但是總不能充分滿意。再看王念孫的解說，把「也」字當做「他」字，這也有兩層結果：

（一）「舉他物而以明之也」，舉他物來說明此物，正是「譬」字的意義。

（二）他字本作它，古寫像也字，故容易互混；既可互混，古書中不止這一處。再看《墨子》書中，如《備城門篇》，如《小取篇》的「無也故焉」、「也者同也」，都是他字寫做也字。

如此看來，這個「假定」解決的含義，果然能解決本文的疑難，所以應該採用這個假設。

第五、證明。——第四步所採用的解決法，還只是假定的，究竟是否真實可

靠，還不能十分確定，必須有實地的「證明」，方才可以使人信仰；若不能證實，便不能使人信用，至多不過是一個假定罷了。

已證實的假設，能使人信用，便成了「眞理」。例如上文所舉《墨子》書中「舉也物」一句，王念孫能尋出「無也故焉」和許多同類的例子，來證明《墨子》書中「他」字常常寫做「也」字，這個假設的解決便成了可信的眞理了。

又如那個迷路的人，跟著水流，果然出了險，他那個假設便成了眞正適用的解決法了。這種證明，比較是很容易的。有時候，一種假設的意思，不容易證明；因爲這種假設的證明所需要的情形，平常不容易遇著；必須特地造出這種情形，方才可以試驗那種假設的是非。

凡科學上的證明，大概都是這一種，我們叫做「實驗」。譬如科學家伽利略（Calileo），觀察抽氣筒能使水上升高至三十四尺，但是不能再上去了。他心想這個大概是因爲空氣有重要、有壓力，所以水不能上去了。這是一個假設，不曾證實。

他的弟子托里拆里（Torricelli）心想如果水的升至三十四英尺是空氣壓力所致，那麼，水銀比水重十三又十分之六倍，只能升高到三十英寸。他試驗起來，果然不錯。那時伽利略已死了。

後來又有一位哲學家巴斯卡（Pascal）心想如果托里拆里的氣壓說不錯，那麼，山頂上的空氣比山腳下的空氣稀得多，拿了水銀管子上山，水銀應該下降。所以他叫他的親戚拿了一管水銀走上劈得東山，水銀果然逐漸低下，到山頂時水銀比平地要低三寸。

於是從前的假設，眞成了科學的眞理了。思想的結果，到了這個地步，不但可以解決面前的疑難，簡直是發明眞理，供以後的人大家受用，功用更大了。

以上是杜威分析思想的五步驟。這種說法，有幾點很可特別注意：

（一）思想的起點是實際上的困難，因爲要解決這種困難，所以要思想；思想的結果，疑難解決了，實際上的活動照常進行。有了這一番思想作用，經驗更豐富一些，以後應付疑難境地的本領就更增長一些。

思想起於應用，終於應用；思想是運用從前的經驗，來幫助現在的生活，更預備將來的生活。

（二）思想的作用，不單是演繹法、不單是歸納法、單是從普通的定理裡面演出個體的斷案，也不單是從個體的事物裡面抽出一個普通的通則。

看這五步，從第一步到第三步，是偏向「歸納法」的，是先考察眼前的特別事實和情形，然後發生一些假定的通則；但是第三步到第五步，是偏向「演繹法」的，是先有了通則，再把這些通則所含的意義一一演出來。有了某種前提，必然要有某種結果：更用直接或間接的方法，證明某種前提是否眞能發生某種效果。

懂得這個道理，便知道兩千年來西洋的「法式的論理學」（Formal Logic）單教人牢記AEIO等等法式和求同、求異等等細則，都不是訓練思想力的正當方法。思想的眞正訓練，是要使人有眞切的經驗來做假設的來源；使人有批評判斷種種假設的能力；使人能造出方法來證明假設的是非眞假。

杜威思想，最注意「假設」。試看上文所說的五步驟之中，最重要的就是「第三步」。

第一步和第二步的工夫，只是要引起第三步的種種假設；以下第四、第五兩步只是把第三步的假設演繹出來，加上評判、加上證驗，以定那種假設是否適用的解決法。這第三步的假設是承上起下的關鍵，是歸納法和演繹法的開頭。

我們研究這第三步，應該知道這一步在臨時思想的時候，是不可強求的，而是自然湧上來的，如潮水一樣，是壓制不住的。他若不來時，隨你怎樣搔頭爪耳、挖盡心血，都不中用。

假使你在大樹林裡迷了路，你腦子裡熟讀的一部《穆勒名學》或《陳文名學講義》都無濟於事，都不能供給你「尋著流水，跟著水出去」的一個假設的解決。

所以思想訓練的著手工夫，在於使人有許多活的學問知識；活的學問知識的最大來源，在於人生有意義的活動。使活動事業得來的經驗，是眞實可靠的學問知識。這種有意識的活動，不但能增加我們假設意思的來源，還可訓練我們時時刻刻拿當前的問題來限制假設的範圍，不至於上天下地的胡思亂想。

還有一點，人生實際的事業，處處是實用的；處處用效果來證實理論，可以養成我們用效果來評判假設的能力，可以養成我們的實驗態度。

養成了實驗的習慣，每起一個假設；自然會推想到他所含的效果，自然會用這種推想出來的效果來評判原有的假設的價值。這才是思想訓練的效果，這才是思想能力的養成。

自由主義

孫中山先生曾引一句外國諺語：「社會主義有五十七種，不知哪一種是眞的。」其實「自由主義」也可以有種種說法，人人都可以說他的說法是眞的，今天我說的「自由主義」，當然只是我的看法，請大家指教。

自由主義最淺顯的意思是強調的尊重自由，現在有些人否認自由的價值，同時又自稱是自由主義者。自由主義裡沒有自由，那就好像長板坡裡沒有趙子龍，空城計裡沒有諸葛亮，總有點叫不順口吧！

據我的拙見，自由主義就是人類歷史上那個提倡自由、崇拜自由、爭取自由、充實並推廣自由的大運動。「自由」在中國古文裡的意思是「由於自己」，就是不由於外力，是「自己作主」。在歐洲文字裡，「自由」含有「解放」之意，是從外力裁制之下解放出來，才能「自己作主」。

在中國古代思想裡，「自由」就等於自然，「自然」是「自己如此」，「自由」是「由於自己」，都有不由於外力拘束的意思。陶淵明的詩：「久在樊籠裡，復得返自然。」這裡「自然」二字可以說是完全同「自由」一樣。王安石的詩：「風吹瓦墮屋，正打破我頭……我終不嗔渠，此瓦不自由。」

這就是說，這片瓦的行動是被風吹動的，不是由於自己的力量。中國古人太看重「自由」、「自然」的「自」字，所以往往看輕外面的拘束力量，也許是故意看不起外面的壓迫，故意回向自己內心去求安慰、求自由。

這種回向自己求內心的自由，有幾種方式，（一）是隱遁的生活，逃避外力的壓迫。（二）是夢想神仙的生活，行動自由、變化自由。正如莊子說，列子御風而行，還是「有待」；「有待」還不是眞自由，最高的生活是事人無待於外。道教的神仙、佛教的西天淨土，都含有由自己內心去尋求最高的自由的意義。

我們現在講的「自由」，不是那種內心境界，我們現在說的「自由」，是不受外力拘束、壓迫的權利。是在某一方面的生活，不受外力限制束縛的權利。

在宗教信仰方面不受外力限制，就是宗教信仰自由。在思想方面，就是思想自由。在著作出版方面，就是言論自由、出版自由。這些自由都不是天生的、不是上帝賜給我們的，是一些先進民族用長期的奮鬥努力爭出來的。

人類歷史上那個自由主義大運動，實在是一大串解放的努力。宗教信仰自由，只是解除某個宗教威權的束縛；思想自由，只是解除某派正統思想威權的束縛。在這些方面……在信仰與思想的方面，東方歷史上也有很大膽的批評者與反抗者。

從墨翟、楊朱，到桓譚、王充；從范縝、傅奕、韓愈，到李贄、顏元、李恭，都可以說是為了信仰、思想、自由而奮鬥的東方豪傑之士，很可以同他們的許多西方同志齊名媲美。

我們中國歷史上，雖然沒有抬出「爭自由」的大旗子來做宗教運動、思想運動，或政治運動，但中國思想史與社會政治史的每一個時代，都可以說含有爭取某種解放的意義。

我們的思想史的第一位大師老子，就是一位大膽批評政府的人。他說：「天下多忌諱，而民彌貧。」、「法令滋彰，盜賊多有。」、「民之饑，其上食稅之多，是以饑。」、「民之難治，以其上之有爲，是以難治。」、「民之輕死，以其求生之厚，是以輕死。」、「天之道損有餘，而補不足。」、「人之道則不然，損不足以奉有餘。」老子同時的鄧析是批評政府而被殺的。

另一位更偉大的人就是孔子，他也是一位偏向左的「中間派」，他對於當時的宗教與政治，都有大膽的批評，他的最大膽的思想是在教育方面：

有教無類，「類」是門類，是階級民族，「有教無類」是說：「有了教育，就沒有階級民族了。」

從老子、孔子打開了自由思想的風氣，兩千多年的中國思想史、宗教史，時時有爭自由的急先鋒，有時還有犧牲生命的殉道者。孟子的政治思想，可以說是全世界的自由主義的最早一個倡導者。孟子提出的「士大夫」是「貧賤不能移，富貴不能淫，威武不能屈」，這是中國經典裡自由主義的理想人物。在兩千多年歷史上，每到了宗教與思想走進了太黑暗的時代，總有大思想家起來奮鬥、批評、改革。

漢朝的儒教太黑暗了，就有桓譚、王充、張衡起來，做大膽的批評。後來佛教勢力太大了，就有齊梁之間的范縝、唐朝初年的傅奕、唐朝後期的韓愈出來，大膽的批評佛教，攻擊那在當時氣焰熏天的佛教。

大家都還記得韓愈攻擊佛教的結果是：「一封朝奏九重天，夕貶潮洲路八千。」佛教衰落之後，在理學極盛的時代，也曾有多少次批評正統思想或反抗正統思想的運動。

王陽明的運動就是反抗朱子的正統思想的。李卓吾是為了反抗一切正宗而被拘捕下獄的，他在監獄裡自殺，死在北京，葬在通州。這個七十六歲的殉道者的墳墓，至今仍存在，他的書經過多少次禁止，但至今還是很流行的。

北方的顏李學派，也是反對正統的程朱思想的。當時，這個了不得的學派很受正統思想的壓迫，甚至於不能公開的傳授。這三百年的漢學運動，也是一種爭取宗教自由、思想自由的運動。漢學是抬出漢朝的書做招牌，來掩護一個批評宋學的大運動，這就等於歐洲人抬出《聖經》來反對教會的權威。

但是東方自由主義運動，始終沒有抓住政治自由的特殊重要性，所以始終沒有走上建設民主政治的路子。西方的自由主義絕大貢獻正在這一點，他們覺悟到只有民主的政治，方才能保障人民的基本自由，所以，自由主義的政治意義是強調的擁護民主。

一個國家的統治權，必須放在多數人民手裡，近代民主政治制度是盎格魯撒克遜民族的貢獻居多、代議制度是英國人的貢獻、無記名投票是澳洲人的發明。這就是政治的自由主義應該包含的意義。

我們古代也曾有「天視自我民視，天聽自我民聽」、「民為邦本」、「民為貴，社稷次之，君為輕」的民主思想。我們也曾在兩千年前就廢除了封建制度，做到了大一統的國家，而在這個大一統的帝國裡，我們也曾建立出一種全世界最久的文官考試制度，使全國才智之士有參與政府的平等制度。

但，我們始終沒有法子可以解決君主專制的問題，始終沒有建立一個制度來限制君主的專制大權，世界只有盎格魯撒克遜民族在七百年中逐漸發展出好幾種民主政治的方式與制度，這些制度可以用在小國，也可以用在大國。

一、代議政治。起源很早，但史家指出一二九五年為正式起始。

二、成文憲。最早的一二一五年（英王約翰在位時訂立的）大憲章，近代的是美國憲法（一七八九年）。

三、無記名投票。（政府預備選舉票，票上印各黨候選人的姓名，選民祕密填記）是一八五六年南澳大利亞（South Australia）最早採用的。

自由主義在這兩百年的演進史上，還有一個特殊的空前的政治意義，就是容忍反對黨、保障少數人的自由權利。向來政治鬥爭不是東風壓了西風，就是西風壓了東風，被壓的人是沒有好日子過的；但近代西方的民主政治，卻漸漸養了一種容忍異己的度量和風氣。

因爲政權是多數人民授予的，在朝執政權的黨一旦失去了多數人民的支持，就成了在野黨了。所以執政權的人都得準備下台等坐冷板凳的生活，而其他少數黨亦都有逐漸變成多數黨的可能。

甚至於極少數人的信仰與主張，「好像一粒芥子，在各種種子裡是頂小的；等到他生長起來，卻比各種菜蔬都大，竟成了小樹，空中的飛鳥可以來停在他的枝上。」（《新約》馬太福音十四章，聖地的芥菜可以高到十英尺。）人們能這樣想，就不能不存容忍別人的態度了、就不能不尊重少數人的基本自由了。

在近代民主國家裡，容忍反對黨、保障少數人的權利；久已成了當然的政治作風，這是近代自由主義裡最可愛慕而又最基本的一個方面。

我做駐美大使的時期，有一天我到費城去看我的一個史學老師白爾教授，平生最注人類爭自由的歷史，這時候他已八十歲了。他對我說：「我年紀越大，越覺得容忍比自由還更重要。」這句話我至今不忘記。

爲什麼容忍比自由還更要緊呢？因爲容忍就是自由的根源，沒有容忍，就沒有自由可說了。

至少在現代，自由的保障全靠一種互相容忍的精神，無論是東風壓了西風，或是西風壓了東風，都是不容忍、都是摧殘自由。

多數人若不能容忍少數人的思想信仰；少數人當然不會有思想信仰的自由，反過來說，多數人也得容忍多數人的思想信仰，因爲少數人要時常懷著「有朝一日權在手，殺盡異教方罷休」的心理，多數人也就不能不行「斬草除根」的算計了。最後我要指出，現代的自由主義，還含有「和平改革」的意思。

和平改革有兩個意義，（一）就是和平的轉移政權；（二）就是用立法的方法，一步一步的做具體改革，一點一滴的求進步。容忍反對黨，尊重少數人權利，正是和平的政治社會改革的唯一基礎。

反對黨的對立，（一）是爲政府樹立最嚴格的批評監督機關，（二）是使人民可以有選擇的機會，使國家可以用法定的和平方式來轉移政權、嚴格的批評監督、和平的改換政權，都是現代民主國家做到和平革新的大路。

近代最重大的政治變遷，莫過於英國工黨的執掌政黨，英國工黨在五十多年，只能選擇出十幾個議員。三十年後，工黨兩次執政，但還站不長久。到了戰爭勝利之年（一九四五年），工黨得到了絕對多數的選擇票。故這次工黨的政權，是鞏固的，在五年之內，誰都不能推翻他們；他們可以放手改革英國的工商業、可以放手改革英國的經濟制度。

這樣重大的變化，從資本主義的英國變到社會主義的英國——不用流一滴血、不用武裝革命，只靠一張無記名的選舉票，這種和平的革命基礎，只是那容忍反對黨的雅量、只是那保障少數人自由權利的政治制度，頂頂小的芥子不曾受摧殘，在五十年後居然變成大樹了。

自由主義在歷史上具有解除束縛的作用，故有不能避免流血的革命。但自由主義的運動，是在最近百年中最大的成績。

例如：英國自從一八三二年以來的政治革新，直到今日的工黨政府，都是不流血的和平革新，所以在許多人的心目中自由主義竟成了「和平改革主義」的別名，有些人反對自由主義，說它是「不革命主義」，也正是如此。

我們承認現代的自由主義應該有「和平改革」的含義，因爲在民主政治已上了軌道的國家裡，自由與容忍舖下了和平改革的大路，自由主義者也就不覺得有暴力革命的必要了。

最後一點，有許多沒有忍耐心的年青人也許聽了會不滿意，他們要「徹底改革」，不要那一點一滴的立法；他們要暴力革命，不要和平演講。

我要很誠懇的指出，近代一百六、七十年的歷史，很清楚的指示我們，凡主張徹底改革的人，在政治上沒有一個不走上絕對專制的路，這是很自然的。只有絕對的專制政權可以鏟除一切反對黨、消滅一切阻力，也只有絕對的專制政治可以不擇手段、不惜代價，用最殘酷的方法做到他們認爲根本改革的目的。

他們不承認他們的見解會有錯誤，他們也不能承認反對的人會有值得考慮的理由，所以他們絕對不能容忍異己，也絕對不能容許自由的思想與言論。所以我很坦白地說，自由主義為了尊重自由與容忍，當然反對暴力革與暴力革命必然引起的暴力專制政治。

總結起來，自由主義的第一個意義是——自由，第二個意義是——民主，第三個意義是——容忍——容忍反對黨，第四個意義是——和平的漸進的改革。

不可躲進小樓

本篇有兩層意思：一是表示我不贊成現在一般有志青年所提倡，我所認為「個人主義」的新生活。一是提出我所主張的「非個人主義」的新生活，就是「社會」的新生活。

先說什麼叫做「個人主義」（Individualism）。一月二日夜（就是我在天津演講前一晚），杜威博士在天津青年會演講〈眞的與假的個人主義〉，他說，個人主義有兩種：

第一、假的個人主義——就是為我主義（Egoism）。他的性質是自私自利：只顧自己的利益，不管群衆的利益。

第二、真的個人主義——就是個性主義（Individuality）。他的特性有兩種：

（一）是獨立思想，不肯把別人的耳朵當耳朵、不肯把別人的眼睛當眼睛、不肯把別人的腦力當自己的腦力；（二）是個人對於自己思想信仰的結果要負完全責任，不怕權威、不怕監禁殺身；只認得眞理，不認得個人的利害。

杜威先生極力反對前一種假的個人主義，主張後一種眞的個人主義。這是我們都贊成的。但是他反對的那種自私自利的個人主義的害處，是大家都明白的。因爲人多明白這種主義的害處，故他的危險究竟不很大。例如東方現在實行的這種極端爲我主義的「財主督軍」，無論他們眼前怎樣橫行，究竟逃不了公論的怨恨，究竟不會受多數有志青年的崇拜。

所以我們可以說這主義的危險是很有限的。但是我覺得「個人主義」還有第三派，是很受人崇敬的，是格外危險的。這一派是：

第三、獨善的個人主義。他的共同性質是：不滿意於現實社會，卻又無可奈何，只想跳出這個社會去尋一種超出現今社會的理想生活。

這個定義含有兩部分：（一）承認現實社會是沒有法子挽救的了；（二）要想在現實社會之外另尋一種獨善的理想生活。自有人類以來，這種個人主義的表現也不知有多少次了。簡括說來，共有四種：

1．**宗教家的極東國**　如佛家的淨土、猶太人的伊甸園，別種宗教天堂、天國，都屬於這一派。這種理想的緣起，都由於對現實社會的不滿意。因爲厭惡現實社會，故懸想那些無量壽、無量光的淨土；不識不知、完全天趣的伊甸園；只有快樂、毫無痛苦的天國。這種極東國裡所沒有的，都是他們所厭恨的；有的，都是他們所夢想而不能得到的。

2．**神仙生活**　神仙的生活也是一種懸想的超出現實社會的生活。人世有疾病痛苦，神仙無病長生；人世愚昧無知，神仙能知過去未來；人生不自由，神仙乘雲遨遊，來去自由。

3．**山林隱逸的生活**　前兩種是完全出世的，他們的理想生活是懸想、渺茫的出世生活。山林隱逸的生活雖然不是完全出世的，也是不滿意於現實社會的表示。他們不滿意於當時的社會政治，卻又無能爲力；只得隱姓埋名，逃出這個惡濁社會去做他們自己理想中的生活。他們不能「得君行道」，故對於功名利祿，表示藐視的態度。

他們痛恨富貴的人驕奢淫逸，故說富貴如同天上的浮雲，如同腳下的破草鞋。他們痛恨社會上有許多不耕而食、不勞而得的「吃白階級」，故自己耕田鋤地，自食其力。他們厭惡這個污濁的社會，故實行他們理想中梅妻鶴子、漁蓑釣鋌的潔淨生活。

4．近代的新村生活　近代的新村運動，如十九世紀法國、美國的理想農村，如現在日本的日向新村。照我的見解看起來，實在同山林隱逸的生活是根本相同的。當然不同的地方，自然也有。山林隱逸是沒有組織的，新村是有組織的，這是一種不同。

隱逸的生活是同世事完全隔絕的，故有「不知有漢，遑論魏晉」的理想；現在的新村的人能有賞玩羅丹（Rodin）同塞尚（Cezanne）的幸福，還能在村外著書、出報，這又是一種不同。

但是這兩種不同，都是時代造成的、是偶然的，不是根本的區別。從根本性質上看來，新村的運動都是對現實社會不滿意的表示。即如日向的新村，他們對於現在「少數人在多數人的不幸上，築起自己的幸福」的社會制度，表示不滿意，自然是公認的事實。

周作人先生說，日向新村裡有人把中國看做「最自然、最自在的國」（**《新潮》二，頁七五**）。這是他們對於日本政治極不滿意的一種牢騷話，很可玩味的。武者小路實篤先生一班人雖然極不滿意於現實社會，卻又不贊成用「暴力」的改革。他們都是「眞心仰慕著平和」的人。

他們於無可奈何之中，想出這個新村的計劃來。周作人先生說：「新村的理想，要將歷來非暴力不能做到的事，用和平方法得來。」（**《新青年》七，二，一三四**），這個和平方法是現實社會，去過一種模範的生活。

「只要萬人眞希望這種的世界，這世界便能實現。」（**《新青年》同上**）這句話不但是獨善主義的精義，簡直全是淨土宗的口氣了！所以我把新村來比山林隱逸不算冤枉他；就是把他來比求淨土天國的宗教運動，也不算玷辱他。不過他們的「淨土」是在日向，不在西天罷了。

我這篇文章要批評的「個人主義的新生活」，就是指這一種跳出現實社會的新村生活。這種生活，我認爲是「獨善的個人主義」的一種。「獨善」兩個字是從孟輌「窮則獨善其身」一句話上來的。

有人說，新村的根本主張是要人人「盡了對於人類的義務，卻又完全發展自己個性。」如此看來，他們既承認「對於人類的義務」，如何還是獨善的個人主義呢？我說，這正是個人主義的證據。

試看古今來主張個人主義的思想家，從希臘的「犬儒學派」（Cynic）（希臘學學派之一，活動期間在西元四世紀到基督教時期，蘇格拉底的門徒安提西尼被認爲是其創始人）以至十八、九世紀的個人主義，哪一個不是一方面崇拜個人、一方面崇拜那廣漠的「人類」？主張個人主義的人，只是否認那些切近的倫誼——或是家族、或是社會、或是國家，但因爲要推翻這些比較狹小逼人的倫誼，不得不捧出那廣漠、不逼人的「人類」。所以凡是個人主義的思想家，沒有一個不承認這個雙重關係的。

新村的人主張「完全發展自己個性」，故是一種個人主義。他們要想跳出現實社會去發現自己個性，故是一種獨善的個人主義。

這種新村的運動，因爲恰合現在青年不滿意於現實社會的心理，故近來中國也有許多人歡迎、讚嘆、崇拜。我也是敬仰武者先生一班人的，故也曾仔細考究這個問題。我考究的結果是不贊成這種運動，我以為中國的有志青年不應該仿行這種個人主義的新生活。

這種新村的運動有什麼可以反對的地方呢？

第一、因為這種生活是避世的、是避開現實社會的。這就是讓步，這便不是奮鬥。我們自然不應該是提倡「暴力」，但是非暴力的奮鬥是不可少的。

我並不是說武者先生一班人沒有奮鬥的精神。他們在日本能提倡反對暴力的論調，如〈一個青年的夢〉，自然是有奮鬥精神的。但是他們的新村計劃想避開現實社會裡「奮鬥的生活」，去尋那現實社會外「生活的奮鬥」，這便是一大讓步。武者先生的〈一個青年的夢〉裡的主人翁最後有幾句話，很可玩味。他說：

> 「……請寬恕我的無力。——寬恕我的話的無力。但我心裡所有的對於美麗之國的傾慕，卻要請諸君體察的……。」

（《新青年》七，二，一〇二）

我們對於日向的新村應該做如此觀察。

第二、在古代這種獨善主義還有存在的理由，在現代，我們不該崇拜他了。古代的人不知道個人有多大的權力，故孟軻說：「窮則獨善其身，達則兼善天下。」古人總想，改良社會是「達」了以後的事業，是得君行道以後的事業；故承認個人（窮的個人）只能做獨善的事業，不配做兼善的事業。

古人錯了，現在我們承認個人有許多事業可做。人人都是一個無冠的帝王、人人都可以做一些改良社會的事。去年的五四運動和六三運動，何嘗是「得君行道」的人做出來的？知道個人可以做事，知道有組織的個人更可以做事，由此可知道這種個人主義的獨善生活是不值得模仿的了。

第三、他們所信仰的「泛勞動主義」，是很不經濟的。他們主張：「一個人生存上必的衣食住，論理應該用自己的力去得來，不該要別人代負這責任。」這話從消極一方面看、從反對那「遊民貴族」的方面看——自然是有理的。

但是從他們的積極實行方面看，他們要「人人盡勞動的義務，製造這生活的資料」——就是衣食住的資料，這便是「矯枉過正」了。

人人要盡製造衣食住行的資料的義務，就是人人要加入這生活的奮鬥。（周作人先生再三強調新村裡和平幸福的空氣，也許不承認「生活的奮鬥」的話；但是我說的，並不是人同人爭麵包、米飯的奮鬥，乃是人在自然界謀生的奮鬥；周先生說新村的農作物至今還不夠自用，便是一證。）

現在文化進步的趨勢，是要使人類漸漸減輕生活的奮鬥至最低度，使人類能多分一些精力出來，做增加生活意味的事業。新村的生活使人人都要盡「製造衣食住的資料」的義務，根本上否認分工進化的道理，增加生活的奮鬥，是很不經濟的。

第四、這種獨善的個人主義的根本觀念，就是周先生說的「改造社會，還要從改個人做起。」我對於這個觀念，根本上不能承認。

這個觀念的根本錯誤，在於把「改造個人」與「改造社會」分做兩截，在於把個人看做一個可以提到社會外去改造的東西。要知道，個人是社會上種種勢力的結果，我們吃的飯、穿的衣服、說的話、呼吸的空氣、寫的字、有的思想……沒有一件不是社會的。

我曾有幾句詩，「……此身非吾有，一半屬父母，一半屬朋友。」當時我以爲把一半的我歸功社會，總算很慷慨了。後來我才知道這點算學做錯了！父母給我眞正極少的一部分。其餘各種極重要的部分，如思想、信仰、知識、技術、習慣……等等，大都是社會給我的。

我穿線襪的法子，是一個徽州同鄉教我的；我穿皮鞋打的結能不散開，是一個美國女朋友教我的。這兩件極細碎的例子，很可以說明這個「我」，是集聚社會上無數勢力所造成的。

社會上的「良好分子」並不是自然生成的，也不是個人修煉成的——都是因爲造成他們的種種勢力裡面，良好的勢力比不良的勢力多些。反過來，不良的勢力比良好的勢力多，結果便是「惡劣分子」了。古代的社會哲學和政治學只爲要妄想憑空改造個人，故主張正心、誠意、獨善其身的辦法。

這種辦法其實是沒有辦法，因爲沒有下手的地方。近代的人生哲學漸漸了、漸漸打破了這種迷夢、漸漸覺悟；改造社會的下手方法，在於改良那些造成社會的種種勢力——制度、習慣、思想、教育等等。那些勢力改良了，人也改良了。所以我覺得「改造社會要從改造個人做起」還是脫不了舊思想的影響。

我們的根本觀念是——個人是社會上無數勢力造成的，改造社會須從改造這些造成社會，及造成個人的種種勢力做起。改造社會即是改造個人。

新村的運動如果眞是建築在「改造社會要從改造個人做起」一個觀念上，我覺得那是根本錯誤了，改造個人也是要一點一滴的改造，才能改造那些造成個人的種種社會勢力。不站在這個社會裡來做這種一點一滴的社會改造，卻跳出這個社會去「完全發展自己個性」，這便是放棄現實社會；認爲不能改造，這便是獨善的個人主義了。

以上說是本篇的第一層意思。現在，我且簡單說明我所主張的「非個人主義的」新生活是什麼。這種生活是一種「社會的新生活」；是站在這個現實的社會裡奮鬥的生活；是霸佔住這個社會來改造這個社會的新生活。他的根本觀念有三條：

一、**社會是種種勢力造成的，改造社會須要改造社會的種種勢力。**

這種改造一定是零碎的改造、一點一滴的改造、一尺一寸的改造。無論你的志願如何宏大、理想如何徹底、計劃如何偉大，你總不能籠統的改造、你總不能不做這種「得寸進寸，得尺進尺」的工夫。所以我說，社會的改造，是這種制度、那種制度的改造；是這種思想、那種思想的改造；是這個家庭、那個家庭的改造；是這個學堂、那個學堂的改造。

・〔附註〕有人說：「社會的種種勢力互相牽制的、互相影響的。這種零碎的改造，是不中用的。應該你才動手改這一種制度，其餘的種種勢力便圍擾來牽制你了。如此看來，改造該做籠統的改造。」

我說不然，正因為社會的勢力是互相影響、牽制的，故一部分的改造，自然會影響到別種勢力上去。這種影響是最切實的、最有力的。近年來的文字改革，自然是局部的改革，但是他所影響的別種勢力，竟有意想不到的多。這不是一種很明顯的例嗎？

二、因為要做一點一滴的改造，故有志做改造事業的人，必須時時刻刻存研究的態度，做切實的調查，下精細的考慮，提出大膽的假設，尋出實驗的證明。

這種新生活是研究人的生活，是隨時隨地解決具體問題的生活。具體的問題多解決了一個，便是社會的改造進了一步。做這種生活的人要睜開眼睛、公開心胸；

要手足靈敏、耳目聰明、心思活潑；要歡迎事實，要不怕事實；要愛問題、要不怕問題的逼人！

三、這種生活是要奮鬥的，那避世的獨善主義是與人無忤、與世無爭的，故不必奮鬥。

這種「淑世」的新生活，到處翻出不中聽的事實、到處提出不中聽的問題，自然是很討人厭的、是一定要招起反對的。反對就是興趣的表示、就是注意的表示。我們對於反對的舊勢力，應該做正當的奮鬥，不可退縮。

我們的方針是，奮鬥的結果，要使社會的舊勢力不能不讓我們；切不可先就偃旗息鼓退出現實社會去，把這個社會雙手讓給舊勢力。換句話說，應該使舊社會變成新社會，使舊村變成新村，使舊生活變爲新生活。

我且舉一個實際的例，英美近二、三十年來，有一種運動，叫做「貧民區域居留地」的運動（Social Settlements）。

這種運動的大意是：一班青年的男女，大都是大學的畢業生，在本地揀定一塊極齷齪、極不堪的貧民區域，買一塊地、造一所房屋，這一班人便終日在這裡面做事。這屋裡，凡是物質文明所賜的生活需要品，如電燈、電話、熱氣、浴室、游泳池、鋼琴、話匣等等，無一不有。

他們把附近的小孩子，垢面的孩子、頑皮的孩子，都招攏來；教他們游水、教他們讀書、教他們打球、教他們演說辯論；組成音樂隊、組成演劇團，教他們演戲奏藝。

還有女醫生和看護產婦，天天出去訪問貧家，替他們醫病，幫他們接生和看護產婦。病重的，由「居留地」的人送入公家醫院。

因為天下貧民都是最安本分的，他們眼見那高樓大屋的大醫院，心裡以為這定是為有錢人家造的，絕不是替貧民診病的；所以必須有人打破他們這種見解，教他們知道醫院不是專為富貴人家的。

還有許多貧家每日早晨出門做工，家裡小孩無人看管，所以「居留地」的人教他們把小孩子每天寄在「居留地」裡，在那裡有人替他們洗浴、換洗衣服、餵他們飲食、領他們遊戲。到了晚上，他們的母親回來了，各人把小孩領回去。

這種小孩，從小就在潔淨慈愛的環境裡長大，漸漸養成了良好習慣，回到家中，自然會把從前的種種污穢的環境改了。家中的大人也因時時同這種新生活接觸，漸漸的改良了。

我在紐約時，曾常常去看亨利街上的一所居留地，是沃爾德女士（Lillian Wald美國社會學家、護士、社會工作者，一八六七～一九四〇年，她創建了國際聞名的紐市亨利街社會服務社）辦的。有一晚我去看那條街上的貧家子弟演戲，演的是巴里（Barry）（美國劇作家，一八九六～一九四九年，以善於描寫特權階層生活習俗的喜劇著名）的名劇。我至今回想起來，他們演戲的程度是比我們大學的新戲高得多咧！

這種生活是我所說的「非個人主義的新生活」，是我所說的「變舊社會爲新社會，變舊村爲新村」的生活，這也不是用「暴力」去得來的。我希望中國的青年要做這一類的新生活，不要去模仿那跳出現實社會的獨善生活。我們的新村就在我們自己的舊村裡，我們所要的新村，是要我們自己的舊村變成的新村。

可愛的男女少年，我們的舊村裡我們可做的事業多得很。村上的鴉片煙燈還有多少？村上的嗎啡針害死了多少人？村上纏腳的女子還有多少？村上的學堂成個什麼樣子？村上的紳士今年賣選票得了多少錢？村上的神廟香火還是怎樣興旺？村上的醫生斷送了幾百條人命？

村上的煤礦工人每日只拿到五個銅子，你知道嗎？村上多少女工被貧窮逼去賣淫，你知道嗎？村上的工廠沒有避火的鋁梯，昨天火起，燒死了一百多人，你知道嗎？村上的童養媳婦被婆婆打斷了一條腿，村上的紳士逼他的女兒餓死做烈女，你知道嗎？

有志一般新生活的男女少年！我們有什麼權利，丟開這許多的事業去做那避世的新村生活？我們放著這個惡濁的舊村，有什麼面孔、有什麼良心，去尋那「和平幸福」的新村生活？

新生活

什麼樣的生活，可以叫做「新生活」呢？

我想來想去，只有一句話——「新生活」就是有意思的生活。你聽了，必定要問我，有意思的生活又是什麼樣子的生活呢？我且先說一、兩件實在的事情做個樣子，你就明白我的意思了。

前天你沒有事做，閒的不厭煩了，你跑到街下一個酒店裡，打了四兩白干，喝完了，又要四兩，再添上四兩。喝的大醉了，同張大哥吵了一回嘴，幾乎打起架來。後來李四哥來把你拉開，你氣咻咻的又要了四兩白干，喝的人事不知，幸虧李四哥把你扶回去睡了。

昨兒早上，你酒醒了，大嫂子把前天的事告訴你；你懊悔的很，自己埋怨自己：「昨兒爲什麼要喝那麼多酒呢？可不是糊塗嗎？」

你趕上張大哥家去，做了許多揖，賠了許多不是，自己怪自己糊塗，請張大哥大量包涵。正說時，李四哥也來了，王三哥也來了。他們三缺一，要你陪他們打牌。你坐下來，打了12圈牌，輸了一百多吊錢。你回到家來，嫂子怪你不該賭博，你又懊悔的很，自己怪自己道：「是呵，我爲什麼要陪他們打牌呢？可不是糊塗嗎？」

諸位，像這樣子的生活，叫做「糊塗生活」，糊塗生活便是沒有意思的生活。你過完了這種生活，回頭一想，「我爲什麼要這樣做呢？」你自己也回答不出究竟爲什麼。

諸位，凡是自己說不出「爲什麼這樣做」的事，都可以說是有意思的生活。

生活的「爲什麼」就是生活的意思。

人同畜牲的分別，就在這個「爲什麼」上。你到動物園裡去看那白熊一天到晚擺來擺去不肯歇，那就是沒有意思的生活。我們做了人，應該不要學那些畜牲的生活。畜牲的生活只是糊塗、只是胡混、只是不曉得自己爲什麼如此做。一個人做的事應該件件事問得出一個「爲什麼」。

我爲什麼要做這個？爲什麼不做那個？回答得出，方才可算是一個人的生活。

我們希望中國人都能做這有意義的新生活。事實這種新生活並不十分難，只消時時刻刻問自己爲什麼這樣做、爲什麼不那樣做，就可以漸漸的做到我們所說的新生活了。

諸位，千萬不要說「爲什麼」這三個字是很容易的小事。你打今天起，每做一件事，便問一個爲什麼——爲什麼不把辮子剪了？爲什麼不把大姑娘的小腳放了？爲什麼大嫂子臉上搽那麼多的脂粉？爲什麼出棺材要用那麼多叫化子？爲什麼娶媳婦也要用那麼多叫化子？爲什麼罵人要罵他的爹媽？

爲什麼這個？爲什麼那個？——你試辦一、兩天，你就會覺得這三個字的趣味眞是無窮無盡，這三個字的功用也無窮無盡。

諸位，我們恭恭敬敬的請你們來試試這種新生活。

大宇宙中談博愛

「博愛」就是愛一切人。這題目範圍很大。在未討論以前，讓我們先看一個問題：「我們的世界有多大？」

我的答覆是：「很大！」我從前念《千字文》的時候，一開頭便已念到這樣的辭句：「天地玄黃，宇宙洪荒。」

宇宙是中國的字，和英文的「Univresal」、「World」意思差不多，都是抽象名詞。宇是空間（Space），即東南西北；宙是時間（Time），即古今旦暮。《淮南子》宇是上下四方，宙是古往今來。宇宙就是天地，宙宇就是Time-Space。古人能得「Universal」的觀念實在不易，相當合於今日的科學。

但古人所見的空間很小、時間很短，現在觀念已擴大了許多。考古學探討千萬年的事，地質學、古生物學、天文學等等不斷的發現，更將時間、空間的觀念擴大。現在的看法：空間是無窮的大，時間是無窮的長。

古人只見有八大行星，但在二十年前，我們便可以看見九大行星了。故現所謂的銀河，是古代所未能想像得到的。以前覺得太陽很遠，現在說起來算不得什麼，因爲，比太陽遠千萬倍的東西多得很。科學就這樣地答覆了「宇宙究竟有多大？」這個問題。

現在談第二點：博愛。在這個大世界裡談博愛，眞是個大問題。

廣義的愛，是世界各大宗教的最終目的。墨子可謂中國歷史上最了不起的人，可說是宗教的創立者。他提出「兼愛」爲他的理論中心，兼愛就是博愛，是一種無等差的愛。墨子理論和基督教教義有很多相合的地方，如「愛人如己」、「愛我們的仇敵」等。

佛教哲學本謂一切無常，我亦無常，「我」是「四大」——（土、水、火、風）偶然結合而成的，是十分簡單的東西，因此無所謂愛與恨——根本不值得愛，也不值得恨。但早期佛教亦有愛的意念在，即我既無常，可犧牲以爲人。

和尚愛衆生，但是佛教不准自食其力，所以有人稱之爲「叫化」（乞丐）宗教。自己的飯亦須取之於人，何能博愛？

古時很多人爲了「愛」，每次登坑（大便）的時候便開始想愛人。也有些人以身餵蚊，或以刀割肉，以自身所受的痛苦來顯示他們對人的愛。這種愛的方法，只能做到犧牲自己，在現代人看來，這是可笑的。

這種博愛給人的幫助是十分有限的，故與現代的科學——工程、醫學等能給我們的「博愛」比起來，力量實在小得可憐。

今日的科學，增進了人類互助博愛的能力。就說最近義大利郵船Andrea Doria號遇難的事吧，短短的數小時內就救起千餘人。近代交通、醫學等的發達，減少了人類無數的痛苦。

我們要談博愛，一定要換一觀念。古時那種餵蚊、割肉的博愛，等於開空頭支票，毫無價値。現在的科學才能放大我們的眼光，促進我們的同情心，增加我們助人的能力。我們需要一種以科學爲基礎的博愛，即一實際的博愛。

孔子說：「修己以敬，修己以安人，修己以安百姓。」修己就是把自己弄好。

我們應當先把自己弄好，然後幫助別人；獨善其身然後才能兼善天下。

同學們，現在我們讀書的時候，不要空談高唱博愛；但應先努力學習，充實自己；到我們有充分能力的時候才談博愛，仍不算遲。

兒子一定要孝順父母嗎？

一、汪長祿先生來信

昨天上午我同太虛和尚訪問先生，談起許多佛教歷史和宗派的話；耽擱了一點多鐘的工夫，幾乎超過先生平日見客時間的規則五倍以上，實在抱歉得很。後來我和太虛匆匆出門，各自分途去了。

晚上回寓，我在桌子上偶然翻到最近《每週評論》的文藝那一欄，上面題目是〈我的兒子〉四個字，下面署了一個「適」，大約是先生做的。

這種議論我從前在《新潮》、《新青年》各報上面已經領教多次，不過昨日因為見了先生，加上「叔度汪汪」的印象，應該格外注意一番。我就不免有些意見，提起筆來寫成一封白話信，送給先生，還求指教、指教。

大作說：「樹木無心結子，我也無恩於你。」這和孔融所說的「父之於子當有何親……」、「子之於母亦復奚爲……」差不多同一樣的口氣。我且不去管他。

下文說的，「但是你既來了，我不能不養你、教你，那是我對人道的義務，並不是待你的恩誼。」這就是做父母一方面的說法。

換一方面說，做兒子的也可模仿同樣的口氣說道：「但是我既來了，你不能不養我、教我，那是你對人道的義務，並不是待我的恩誼。」

那麼兩方面湊合起來，簡直是親子的關係，一方面變成了跛形的義務者，他一方面變成了跛形的權利者，實在未免太不平等了。

平心而論，舊時代的見解，好端端生在社會一個人，前途何等遙遠、責任何等重大；爲父母的單希望他做他倆的兒子固然不對。但是照先生的主張，竟把一般做兒子的抬舉起來，看做一個「白吃不回帳」的主顧，那又未免太「矯枉過正」吧！

現在我且丟卻親子的關係不談，先設一個譬喻來說。假如有位朋友留我在他家裡住上若干年，並且供給我衣食，後來又幫助我的學業，一直到我能獨立生活，他才放手。

雖然這位朋友發了一個大願，立心做個大施主，並不希望我許些報答；難道我自問良心，能夠就麼拱拱手同他離開便算了嗎？

我以爲親子的關係，無論怎樣改革，總比朋友較深一層。就是同朋友一樣平等看待，果然有個鮑叔再世把我看做管仲一般，也不能夠說「不是待我的恩誼」吧！大作結尾說道：「我要你做一個堂堂的人，不要你做我的孝順兒子。」這話我倒並不十分反對。但是我以爲應該加上一個字，可以這麼說：「我要你做一個堂堂的人，不單要你做我的孝順兒子。」

爲什麼要加上這一個「單」字呢？因爲兒子孝順父母，也是做人的一種信條，和那「悌弟」、「信友」、「愛群」等等是同樣重要的。舊時代學說把一切善行都歸納在「孝」字裡面，誠然流弊百出。

但一定要把「孝」字「驅逐出境」，劃在做人事業的範圍以外，好像人做了孝子，便不能夠做一個堂堂的人。換一句話，就是人若要做一個堂堂的人，便非打定主意做一個不孝之子不可。

總而言之，先生把「孝」字看得與做人的信條立在相反的地位。我以爲「孝」字雖然沒「萬能」的本領，但總還夠得上和那做人的信條湊在一起，何必如此「雷厲風行」硬要把他「驅逐出境」呢？

前月我在地方談起北京的新思潮，便聯想到先生個人身上。有一位是先生的貴同鄉，當時插嘴說道：「現在一般人都把胡適之看做洪水猛獸一樣，其實適之這個人舊道德並不壞。」說罷，並且引起事實爲證。

我自然是很相信的。照這位貴同鄉的說話推測起來，先生平日對於父母當然不肯做那「孝」字反面的行爲，是絕無疑義了。我怕的是一般根柢淺薄的青年，動輒抄襲名人一、兩句話，敢於扯幌子，便「肆無忌憚」起來。

打個比方，有人昨天看見《每週評論》上先生的大作，也便可以說：「胡先生教我做一個堂堂的人，萬不可做父母的孝順兒子。」久而久之，社會上佈滿了這種議論，那麼任憑父母老病凍餓以至於死，卻可以不去管他了。

我也知道先生的本意，無非看見舊式家庭過於「束縛馳驟」，急急地要替他調換空氣；不知不覺言之太過，那也難怪。以前朱晦庵說得好，「教學者和扶醉人」，現在的中國人眞算是太多數醉倒了。

先生可憐他們，當下自告奮勇，使一股大勁，把他從東邊扶起。我怕是用力太猛，保不住又要跌向西邊去，那不是和沒有扶起一樣嗎？萬一不幸，連性命都要送掉，那又向誰叫冤呢？

我很盼望先生有空閒的時候，再把那「我的父母」四個字做個題目，細細的想一番。把做兒子的對父母應該怎樣報答的話（我以爲一方面做父母的兒子，同時在他方面仍不妨做社會上一個人），也得詠嘆幾句，「恰如分際」、「彼此兼顧」，那才免得發生許多流弊。

二、我答汪先生的信

前天同太虛和尚談論，我得益不少。別後又承先生給我這封很誠懇的信，感謝之至。

「父母於子無恩」的話，從王充、孔融以來，也很久了。從前有人說我曾提倡這話，我實在不能承認。直到今年我自己生下一個兒子，我才想到這個問題上去。

我想這個孩子自己並不曾自由主張要生在我家，我們做父母的不曾得他的同意，就糊里糊塗的給了他一條生命。況且我們也不曾有意送給他這條生命。我們既無意，如何能居功？如何能自以爲有恩於他？

他既無意求生，我們生了他，我們對他只有抱歉，更不能「示恩」了。我們糊里糊塗的替社會上添了一個人，這個人將來一生的苦樂禍福、這個人將來在社會上的功罪，我們應該負一部分的責任。

說得偏激一點，我們生一個兒子，就好比替他種了禍根，又替社會種下了禍根。他也許養成壞習慣，做一個短命浪子；他也許更墮落下去，做一個軍閥派的走狗。所以我們「教他、養他」，只是我們自己減輕罪過的法子，只是我們種下禍根之後，自己補過彌縫的法子，這可以說是恩典嗎？

我所說的，是從做父母的一方面設想的，是從我個人對於我自己的兒子設想的，所以我的題目是「我的兒子」。我的意思是要我這個兒子曉得我對他只有抱歉，絕不居功，絕不示恩。至於我的兒子將來怎樣待我，那是他自己的事。我絕不期望他報答我的恩，因爲我已宣無恩於他。

先生說我把一般做兒子的抬舉起來，看做一個「白吃不還帳」的主顧。這是先生誤會我的地方。我的意思恰同這個相反。我想把一般做父母的抬高起來，叫他們不要把自己看做一種「放高利債」的債主。

先生又怪我把「孝」字驅逐出境。我要問先生，現在「孝子」兩個字究竟還有什麼意義？現在的人死了父母都稱「孝子」。孝子就是居父母喪的兒子（古書稱為「主人」），無論怎樣忤逆不孝的人，一穿上麻衣，戴上高梁冠，拿著哭喪棒，人家就稱他做「孝子」。

我的意思以為古人把一切做人的道理都包在孝字裡，故戰陣無勇、蒞官不敬等等，都是不孝。這種學說，先生也承認他流弊百出。所以我要我的兒子做一個堂堂的人，不要他做我的孝順兒子。我認為「一個堂堂的人」絕不致於做打爹罵娘的事，絕不致於對他的父母毫無感情。

但是我不贊成把「兒子孝順父母」列為一種「信條」。易卜生的「群鬼」裡有一段話很可研究：**（《新潮》第五號，頁八五一）**

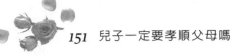

孟代牧師：「你忘了沒有，一個孩子應該愛敬他的父母？」

阿爾文夫人：「我們不要講得這樣寬泛。應該要說：『歐士華應愛敬阿爾文先生（歐士華之父）嗎？』」

這是說，「一個孩子應該愛敬他的父母」是耶教一種信條，但是有時未必適用。即如阿爾文一生縱淫，死於花柳毒，還把遺毒傳給他的兒子歐士華，後來歐士華毒發而死。

請問：歐士華應該孝順阿爾文嗎？若照中國古代的倫理觀念，自然不成問題。但是在今日可不能不成問題了。假如我染著花柳毒，生下兒子又聾又瞎、終身殘廢，他應該愛敬我嗎？

又假如我把我的兒子應得的遺產都拿去賭輸了，使他衣食不完全、教育不能得著，他應該愛敬我嗎？又假如我賣國、賣主義，做了一個一世的大罪人，他應該愛敬我嗎？

至於先生說的，恐怕有人扯起幌子，說，「胡先生教我做一個堂堂的人，萬不可做父母的孝順兒子。」這是他自己錯了。我的詩是發表我生平第一次做老子的感想，我並不曾教訓人家的兒子！

總之，我只說我自己承認對兒子無恩，至於兒子將來我作何感想，那是他自己的事，我不管了。

先生又要我做「我的父母」的詩。我對於這個題目，也曾有詩，載《每週評論》第一期和《新潮》第二期裡。

慈幼的問題

我的一個朋友對我說過一很深刻的話：「你要看一個國家的文明，只消考察三件事：（一）看他們怎樣待小孩子；（二）看他們怎樣待女人；（三）看他們怎樣利用閒暇的時間。」

這三點都很扼要，只可惜我們中國經不起這三層考察。這三點之中，無論哪一點都可以宣告我們這個國家是最野蠻的國家。我們怎樣待孩子？我們怎樣待女人？我們怎樣用我們的閒暇工夫？——凡有誇大狂的人，凡是誇大我們的精神文的人，都不可不想這三件事。

其餘兩點，現今且不談，我們先來看看我們是怎樣待小孩子——

從生產說起。我們到今天還把生小孩看做最污穢的事，把產婦的血污看做最不淨的穢物。血污一沖，神仙也會跌下雲頭！

這大概是野蠻時代遺傳下來的迷信。但這種迷信至今還使絕大多數的人民避談產小孩的事，所以「接生」的事至今還在絕無知識的產婆的手裡，手術不精、工具不備、消毒的方法全不講究、救急的醫藥全不知道。順利的生產有時還不免危險，稍有危難的症候便是百死而無一生。

生下來了，小孩的衛生又從來不講究。小孩總是跟著母親睡，哭時便用奶頭塞住嘴，再哭時便搖他、便打他。飲食從沒有份量，疾病從不知隔離。有病時只會拜神許願、求仙方、叫魂壓邪。中國小孩的長大全是靠天，只是僥倖長大，全不是人事之功。

小孩出痘出花，都沒有科學的防衛。供一個「麻姑娘娘」、供一個「花姑娘娘」，避避風、忌忌日；小子若安全過去了，燒香謝神；小孩若遇了危險，這就便是「命中注定」了！

普通人家的男孩子，固然沒有受良好教育的機會，女孩子便更痛苦了。女孩子到了四、五歲，母親便把她的腳裹扎起來，小孩疼得號哭叫喊，母親也是眼淚直滴。但是這是爲女兒的終身打算，不可避免的；所以母親噙著眼淚，忍著心腸；緊緊地扎縛，密密地縫起；總要使骨頭扎斷，血肉乾枯；變成三、四吋的小腳，然後父母才算盡了責任，女兒才算有了做女人的資格！

孩子到了六、七歲以上，女孩子固然不用進學堂去受教育，男孩子受的教育也只是十分野蠻的教育。女孩在家裡裹小腳，男孩在學堂唸死書。

怎麼「唸死書」呢？他們的文字都是死人的文字，字字句句都要翻譯才能懂，有時候翻譯出來還不能懂。例如：《三字經》上的「苟不教」，我們小孩子唸起來只當是「狗不叫」，先生卻是說「倘使不教訓」。

又如《千字文》上的「天地玄黃，宇宙洪荒」，我從五歲時讀起，現在做了七十年大學教授，還不懂這八個字說的是什麼話！所以叫做「唸死書」。

唸的是死書，所以要下死勁去唸。我們做小孩時候，天剛亮，便進學堂去上「早學」；空著肚子，鼓起喉嚨，唸三、四個鐘頭才回去吃早飯。從天亮直到天黑，才得回家，晚上還要唸「夜書」。

這種生活實在太苦了，所以許多小孩子都要逃學。逃學的學生，捉回來之後，要受很嚴厲的責罰，輕的打手心，重的打屁股。有許多小孩子身體不好的，往往有被學堂折磨死的，也有得神經病終生的。

——這是我們怎樣待小孩子！

我們深深感謝帝國主義者，把我們從這種黑暗的迷夢裡驚醒起來。我們焚香頂禮感謝基督教的傳教士，帶來一點點西方新文明和新人道主義，叫我們知道這樣待小孩是殘忍的、慘酷的、不人道的、野蠻的。我們十分感謝這班所謂的「文化侵略者」提倡「天足會」、「不纏足會」，開設新學堂、開設醫院、開設婦嬰醫院。

我們用現在的眼光來看他們的工作，他們的學堂不算好學堂，他們的醫院也不算好醫院。但是他們是中國新教育的先鋒、他們是中國「慈幼運動」的開拓者，他們當年的缺陷，是我們應該原諒、寬恕的。

幾十年來，中國小孩稍微減少了一點痛苦，增加了一點樂趣。但「慈幼」的運動還只在剛開始的時期，前途的工作正多，前途的希望也正大。我們在這個時候，一方面固要宣傳慈幼運動的重要，一方面也應該細細計劃慈幼事業的問題和他們的下手方法。

中華慈幼協濟會的主持人，已請了許多專家任各種問題的專門研究，我今天也想指出慈幼事業的幾個根本問題，供留心這事的人的參考。

我以爲慈幼事業在今日有些問題：

第一、產科醫院和「巡行產科護士」（Visiting nurses）的提倡。產科醫院的設立，應該作爲每縣、每市的建設事業的最緊急部分，這是毫無可疑的。但歐美的經驗，使我們知道下等社會的婦女對於醫院往往不肯信任，她們總不肯相信醫院是爲她們貧人設的，她們對於產科醫院尤其懷疑畏縮。所以有「巡行護士」的法子，即每一區區域內有若干護士到人家去訪問視察，得到孕婦的好感，解釋她們的懷疑、幫助她們解除困難、指點她們講究衛生。這是慈幼事業的根本要著。

第二、兒童衛生固然重要，但兒童衛生只是公共衛生的一個部分。提供公共衛生即是增進兒童衛生。公共衛生不完備，在蚊子、蒼繩成群的空氣裡，在臭水溝和垃圾堆的環境裡，在濃痰滿地、病菌飛揚的空氣裡，而空談慈幼運動，豈不是一個大笑話？

第三、女子纏足的風氣在內地還不曾完全消滅，這也是慈幼運動應該努力的一個方向。

第四、慈幼運動的中心問題是養成有現代知識訓練的母親。母親不能慈幼，或不知怎樣慈幼，則一切慈幼運動都無是處。現在的女子教育似乎很忽略這一方面，故受過中等教育的女子往往不知道怎樣養育孩子。

上月西湖博覽會的衛生館，有一間房子牆上陳列許多產科衛生的圖畫，和傳染病的圖畫。我見一些女學生進來參觀，她們見了這種圖畫往往掩面飛跑而過。

這是很可惜的。女子教育的目的固然是要養成能獨立的「人」，同時也不能不養成做妻做母的知識，從前昏謬的聖賢說：「未有學養子而後嫁者也。」

現在我們正要個個女子先學養子、學教子、學怎樣保衛兒童的衛生，然後談戀愛、擇伴侶。故慈幼運動應該注重：（一）女學的擴充；（二）女子教育的改善。

第五、兒童的教育，應該根據於兒童的生理和心理。這是慈幼運動的一個基本原則。

向來學堂完全違背兒童心理，只教兒童唸死書、下死勁。近年來的小學完全用國語教課，減少課堂工作，增加遊戲運動，固然是一大進步。

但我知道各地至今還有許多小學校不肯用國語課本，或用國語課本而另加古文課本；甚至於強迫兒童在小學二、三年級作文言文，這明明是違背民國十一年以來的新學制，並且根本不合兒童生理和心理。

慈幼的意義，是改善兒童的待遇、提高兒童的幸福。這種不合兒童生理和心理的學校，便是慈幼運動的大仇敵，因爲他們的行爲便是虐待兒童、增加學校生活的苦痛。

他們所以敢於如此，只因爲社會上許多報紙和政府的一切法令公文，都還是用死文字做的；一般父兄恐怕女兒不懂古文，將來謀生困難；故一些學校便迎合這種父兄心理，加添文言課本、強迫作文言文。

故慈幼運動者在這個時候，一方面應該調查各地小學課程，禁止小學校用文言課本或用文言作文；另一面還應該爲少兒童痛苦起見，努力提倡國語運動，請中央及各地方政府把一切法令公文改成國語，使頑固的父兄、教員無所藉口可施。

這就是慈幼運動在今日最應該做，而且又是最容易做的事業。

挑起改造社會的重任

今天是五月四日。我們回想去年今日，我們兩人都在上海歡迎杜威博士，直到五月六日方才知道，北京五月四日的事。日子過得眞快，匆匆又是一年了！

當去年的今日，我們心裡只想留住杜威先生在中國講演教育哲學；在思想一方面，提倡實驗的態度和科學的精神；在教育一方面，輸入新鮮教育學說，引起國人的覺悟，大家來做根本的教育改革。

這是我們去年今日的希望，不料時勢的變化大出我們意料之外。這一年以來，教育界的風潮幾乎沒有一個月平靜的；整整的一年光陰就在風潮擾攘裡過去了。

這一年的學生運動，從遠大的觀點看起來，自然是幾十年來的一件大事。從這裡發出來的效果，自然也不少——引起學生的自動的精神，是一件；引起學生對於社會國家的興趣，是二件；引出學生的作文演說的能力、組織的能力、辦事的能力，是三件；使學生增加團體生活的經驗，是四件；引起許多學生求知識的慾望，是五件。

這都是舊日的課堂生活所不能產生的，我們不能不肯定學生運動的重要貢獻。

社會若能保持一種水平線以上的清明，一切政治上鼓吹和設施、制度上的評判和革新，都應該由成年的人去料理；未成年的一代人（學生時代之男女）應該有安心求學的權利，社會也不用不著他們求做學校生活之外的活動。

但是，我們現在不幸生這個變態的社會裡，沒有這種常態社會中人應該有的福氣；社會上許多事被一班成年的或老年的人弄壞了，別的階級又都不肯出來干涉糾正，於是這種干涉糾正的責任，遂落在一般未成年的男女學生的肩膀。

這是變態的社會裡一種不可免的現象。現在有許多人說學生不應該干預政治，其實並不是學生自己要這樣幹，這都是社會和政府硬逼出來的。

如果社會國家的行爲，沒有受學生干涉糾正的必要；如果學生能享受安心求學的幸福，而不受外界的強烈的刺激和良心上的督責；他們又何必甘心抛了寶貴的光險，冒著生命的危險，來做這種學生運動呢？

簡單一句話，在變態的社會國家裡面，政府太卑劣腐敗了，國民又沒有正式的糾正機關（如代表民意的國人之類）。那時候，干預政治的運動，一定要從青年的學生界發生的。

漢末的太學生、宋代的太學生、明末的結社、戊戌政變以前的公車上書、辛亥以前的留學生革命黨、俄國以前的革命黨、德國革命前的學生運動、印度和朝鮮現在的運動、中國去年的五四運動與六三運動，都是同一個道理，也都是有發生的理由的。

但是我們不要忘記，這種運動是非常的事，是變態的社會裡不得已的事，但是他不是很不經濟的不幸事。因爲是不得已，故他的發生是可以原諒的。因爲是很不經濟的不幸事，故這種運動是暫時不得已的救急的辦法，卻不可長期存在的。

荒唐的中年老年人鬧下了亂子，卻要未成年的學子拋棄學業、荒廢光陰，來干涉糾正，這是天下最不經濟的事。況且中國眼前的學生運動更是不經濟。

何以故呢？試看自漢末以來的學生運動，試看俄國、德國、印度、朝鮮的學生運動，哪有一種用罷課做武器的？即如去年的五四與六三，這兩次的成績可是單靠罷課代武器的嗎？

單靠用罷課做武器，是最不經濟的方法，是下下策；屢用不已，是學生運動破產的表現！罷課於旁人無損，於自己卻有大損失，這是人人共知的。但我們看來，用罷課做武器，還有精神上的很大損失——

第一、養成依賴群眾的惡心理 現在的學生幾乎忘了個人自己有許多事可做，他們幾乎以爲不全體罷課便無事可做。個人自己不肯犧牲、不敢做事，卻要全體罷了課來吶喊助威，自己卻躲在大衆群裡跟著吶喊，這種依賴群衆的心理是懦夫的心理！

第二、養成逃學的習慣 現在罷課的學生，究竟有幾個人出來認眞做事？其餘無數的學生，既不辦事，又不自修，究竟爲了什麼事罷課？從前還可說是「激於義憤」的表示，大家都認做一種最高大的武器，不得已而用之。久而久之，學生竟把罷課的事看人平常的事，我們要知道，多數學生把罷課看做很平常的事，這便是逃學習慣已養成的證據。

第三、養成無意識的行為的惡習慣　無意識的行爲，就是自己說不出爲什麼的行爲。現在不但學生把罷課看做很平常的事，社會也把學生罷課看做很平常的事；而一件很重大的事，反變成了很平常的事，還有什麼功效靈驗呢？

既然明知沒有功效靈驗，卻偏要去做；一處無意識的做了，別處也無意識的盲從，這種心理的養成，實在是眼前和將來最可悲觀的觀察。

以上說是我們對於現學生運動的觀察。

我們對於學生的希望，簡單說來，只有一句話：「我們希望學生從今以後要注意課堂裡、操場上、課餘時間裡的學生生活，只有這學生活動，是能持久又最有功效的學生運動。」

學生活動有三個重要部分：

第一、是學問的生活。

第二、是團體的生活。

第三、是社會服務的生活。

第一、學問的生活 這一年以來，最可使人樂觀的一種好現象，就是許多學生對於知識學問的興趣漸漸增加了。新出的出版物的銷售數增加，可以估量求知識的興趣增加。

我們希望現在的學生，充分發展這點新發生的興趣，注意學問的生活。要知道社會國家的大問題，絕不是沒有學問的人能解決的。我們說的「學問的生活」並不限從前的背書、抄講義的生活。

我們希望學生——無論中學、大學，都能注重下列的四項細目：

⑴注重外國文。現在中文的出版物，實在不夠滿足我們求知的慾望。求新知識的門徑在於外國文，每個學生至少須要能用一種外國語看書。學外國語須要經過查生字、記生字的第一難關，千萬不要怕難；若是學堂裡的外國文教員確是不好，千萬不要讓他敷衍你們，不妨趕他跑。

⑵注重觀察事實與調查事實。這是科學訓練的第一步。要求學校裡用實驗來教授科學，自己去採集標本、自己去觀察調查。觀察調查須要兩個目的——例如本地的人口、風俗、出產、植物、鴉片煙館等項的調查——還要注重團體的互助、分工

作合，做成有系統的報告。

現在的學生天天談「二十一條」，究竟二十一條是什麼東西，有幾個人說得出嗎？天天談「高徐濟順」，究竟有幾個替得出這條路在什麼地方嗎？

這種不注重事實的習慣，是不可不打破的。打破這種習慣的唯一法子，就是養成觀察調查的習慣。

(3)建設的促進學校的改良。現在的學校課程和教員，一定有許多不能滿足學生求學的慾望的。

我們學生不要專做破壞的攻擊，須要用建設的精神，促進學校的改良。與其提倡考試的廢止，不如提倡考試的改良；與其攻擊校長不多買博物標本，不如提倡學生自己採集標本。這種建設促進，比教育部和教育廳的命令功效大得多咧。

(4)注重自修。灌進去的知識學問是沒有多大用處的，眞正可靠的學問都是從自修得來的。自修的能力是求學問的唯一條件。不養成自修的能力絕不能求學問。

自修應注重的事是：（一）看書的能力。（二）要求學校購備參考書報，如大字典、詞典、重要的大部書之類，（三）結合同學多買書報，交換閱看，（四）要求教員指導自修的門徑和自修的方法。

第二、團體的生活　五四運動以來，總算增加了許多的學生的團體生活的經驗。但是現在的學生團體有兩大缺點：（一）是內容太偏枯了，（二）是組織太不完備了。

「內容」偏枯的補救，應注意各方面的「俱分並進」，如下列五點：

(1)學術的團體生活。如學術研究會或講演會之類。應該注意自動的調查、報告、試驗、講演。

(2)體育的團體生活。如足球、運動會、童子軍、野外幕居、假期旅行等等。

(3)遊藝的團體生活。如音樂、圖書、戲劇等等。

(4)社交的團體生活。如同學茶話會、家人懇親會、師生懇親會、同鄉會等等。

(5)組織的團體生活。如本校學生會、自治會、各校聯合會、學生聯合總會之類等等。

要補救「組織」不完備，應注重世界通行的議會法規（Parliamen-tary Law）的重要條件。簡單的說來，至少須有下列的六個條件：

⑴法定開會人數。這是防弊的要件。

⑵動議的手續，與修正議案的手續。這是會議法規裡最繁難又最重要的一項。

⑶發言的順序。這是維持秩序的要件。

⑷表決的方法（一）須規定某種議案必須全體幾分之幾的表決，某種必須到會人數幾分之幾的表決，某種僅須過半數的表決。（二）須規定某種重要議案必須用無記名投票，某種必須用記名投票，某種可用舉手的表決。

⑸凡是代表制的聯合會，無論校內、校外皆須有複決制。遇重大的案件，代表會議、議決案，必須再經過會員的總投票；總會的議決案，必須再經過各分會的複決。

⑹提案提出後，應有規定的討論時間，並須限制每人發言的時間與次數。

現在許多學生會的章程只注重職員的分配，卻不注重這些最繁要的條件，這是學生團體失敗的一個大原因。

此外還須注意團體生活最不可少的兩種精神：

⑴容納反對黨的意見。現在學生會議的會場上，對於不肯迎合群眾心理的言

論，往往有許多威壓的表示，這是暴民專制，不是民治精神。民治主義的第一個條件，就是要使各方面的意見都可以自由發表。

(2)人人要負責任。天下有許多事，都是不肯負責任的人「好人」再壞的。好人坐在家裡嘆氣，壞人在議場做戲，天下事所以敗壞了。不肯出頭負責任的人，便是團體的罪人，便不配做民治國家的國民。民治主義的第二個條件是「人人要負責任」，要尊重自己的主張，要用正當的方法來傳播自己的主張。

第三、社會服務的生活　學生運動是學生對於社會國家的利害發生興趣的表示，所以各處都有平民夜學、平民講演的發起。

我們希望今後的學生，繼續推廣這種社會服務的事業。這種事業，一來是救國的根據辦法，二來是學生的現力做得到的，三來可以發展學生自己的學問與才幹，四來可以訓練學生待人待物的經驗。

我們希望學生注意以下四點：

(1)平民夜校。注意本地的需要，介紹衛生的常識、職業的常識和公民的常識。

(2)通俗講演。現在那些「同胞快醒，國要亡了」、「殺賣國賊」、「愛國是人

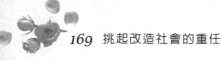

民的義務」等等空話的講演，是不能持久的，說了兩、三遍就沒有用了。我們希望學生注重科學常識的講演、改良風俗的講演、破除迷信的講演。譬如你今天演說「下雨」，你不能不先研究雨是怎樣來的，何以從天上下來；聽的人也可以因此知道「雨」不是龍王菩薩灑下來的，也可以知道「雨」不是道士和尚求得下來的。又如你明天演說「種田何以須用石灰做肥料」，你就不能不研究石灰的化學，聽的人也可以因此知道肥料的道理。這種講演，不但於人有益，於自己也極有益。

(3)破除迷信的事業。我們希望學生不但用科學的道理來解釋本地的種種迷信，並且還要實行破除迷信的事業。如求神合婚、求仙言、放焰口、風水等等迷信，都該破除。學生不來破除迷信，迷信是永遠不會破除的。

(4)改良風俗的事業。我們希生努力去做改良風俗的事業。譬如女子纏足的，現在各處多有。學生應該組織天足會，相戒不娶小腳的女子。不能解放你的姊妹的小腳，就不配談「女子解放」。

又如鴉片煙與嗎啡，現在各處仍舊很銷行；學生應該組織調查隊、偵探隊；或報告官，或自動的搗毀煙間與嗎啡店。你不能干涉你村上的鴉片、嗎啡，你也不配干預國家的大事。

以上說的，是我們對於學生的希望。

學生運動已發生了，是青年一種活動力的表現，是一種好現象，絕不能壓下去的；也絕不可把它壓下去的。我們對於辦教育的人的忠告是：「不要夢想壓制學生運動：學潮的救濟只有一個法子，就是引導學生向有益有用的路上去活動。」

學生運動現在四面都受攻擊，五四的後援也沒有了，六三的後援也沒有了。我們對於學生的忠告是：「單靠用罷課做武裝是下下策，可一而再，再而三的嗎？學生運動如果要想保存五四和六三的榮譽，只有一個法子；就是改變活動的方向，把五四和六三的精神用到學校內外有益有用的學生活動上去。」

我們所講的話，是很直率，但這都是我們的老實話。

領袖人才的來源

北京大學教授孟森先生前天寄了一篇文字來，題目是〈論士大夫〉**（見《獨立》第十二期）**。他下的定義是：「士大夫」者，以自然人爲國負責，行事有權，敗事有罪，無神聖之保障，爲誅殛所可加者也。

雖然孟先生說的「士大夫」，從狹義上說，好像是限於政治上負大責任的領袖；然而他又包括孟子的「天民」一般不得位而絕大影響的人物，所以我們可以說，若用現在的名詞，孟先生文中所謂「士大夫」，應該可以叫做「領袖人物」，並簡稱爲「領袖」。

孟先生的文章是他和我的一席談話引出來的，我讀了忍不住想引申他的意思，討論這個領袖人才的問題。

孟先生此文的言外之意，是嘆息近世居領袖地位的人缺乏眞領袖的人格風度，既拋棄了古代「士大夫」的風範，又不知道外國的「士大夫」的流風遺韻，所以成了一種不足表率人群的領袖。

他發願要搜集中國古代那些可以作爲後人模範的「士大夫」人格之事蹟，做一部《士大夫集傳》。他又希望有人搜集外國士大夫的精華，做一部《外國模範人物集傳》。這都是很應該做的工作，也許是很有效用的教育材料。

我們知道普盧塔克（Plutarch）的《英雄傳》影了後世許多的人物。歐洲的傳記文學發達得最完備，幾個歷史上的重要人物都有很詳細記可讀，往往有一篇傳記長至幾十萬言的，也往往有一個人傳記多至幾十種的。

這種傳記的翻譯，倘使有審慎的選擇和忠實明暢的譯筆，應該可以使我們多知道一點西洋的領袖人物的嘉言懿行，間接的，可以使我們對於西方民族的生活方式得一點具體的了解。

中國的傳記文學太不發達了，所以中國的歷史人物往往可信的，只能靠一些枯燥發窘的碑版文字，或史家列傳所流傳下來的；可讀的已很少了。至於可歌可泣的傳記，可說是絕對沒有。

我們對於古代大人物的認識，往往只靠一些很零碎的軼事、瑣聞。然而我至今還記得我做小孩子時代讀的朱子《小學》裡面記載的幾個可愛的人物，如汲黯、陶淵明之流。

朱子記「陶淵明」，只記他做縣令時送一個長工給他兒子，附去一封家信，說：「此亦人子也，可善遇之。」這寥寥九個字的家書，印在腦子裡，也頗有很深刻的效力，使我三十年來不敢輕用一句暴戾的辭氣，對待那些幫我做事的人。

這一個小小例子可以使我承認模範人物的傳記，無論如何不詳細，只須剪裁得當、描寫的生動；也未嘗不可以做少年人的良好教育材料，也未嘗不可介紹一點做人的風範。

但是傳記文學的貧乏與忽略，都不夠解釋為什麼近世中國的領袖人物這樣稀少而又不高明。領袖的人才絕不是光靠幾本《士大夫集傳》就能鑄造成功的。「士大夫」的稀少，只是因為「士大夫」在古代社會裡自成一個階級，而這個階級久已不存在了。

在南北朝的晚期，顏之推說：

吾觀《禮經》，聖人之教，箕掃匕箸，咳唾唯諾，執燭沃盆，皆有范文，亦為至矣。但《神經》既殘缺非復全書，其有所不載，及世事變改者，達君子自節度，相承行之。故世號「士大夫風操」。而家門頗有不同，所見互稱長短。然其阡陌亦自可知。（《顏氏家訓》〈風操〉第六）

在那個時代，雖然經過了魏晉曠達風氣的解放，雖然經過了多少戰禍的摧毀；「士大夫」的階級還沒有完全毀滅，一些名門望族都竭力維持他們的門閥。帝王的威權，外族的壓迫，終不能完全消滅這個門閥自衛的階級觀念。門閥的爭存，不全靠聲勢的顯赫、子孫的貴盛。他們所倚靠的是那「士大夫風操」，即是那個士大夫階級所用來律己律人的生活典型。即如顏氏一家，遭遇亡國之禍，流徙異地，然而顏之推關心的還是「整齊門內，提醒子孫」，所以他著作家訓，留做他家子孫的典則。

隋唐以後，門閥的自尊還能維持這「士大夫風操」，至幾百年之久。我們看唐朝柳氏和宋朝呂氏、司馬氏的家訓，還可以想見當時士大夫的風範的保存，是全靠那種整齊嚴肅的士大夫階級的教育的。

然而這士大夫階級，始終被科學制度和別種政治和經濟的勢力打破了。元、明以後，三家村的小兒只消讀幾部刻板書、念幾百篇科學時文，就可以有登科做官的機會；一朝得了科第，像「紅鸞禧」戲文裡的丐頭女婿，自然有送錢投靠的人來擁戴他去走馬上任。他從小學的是科學時文，從來就沒有夢見過什麼古來門閥裡的「士大夫風操」的教育與訓練，我們如何能期望他居士大夫之位，要維持士大夫的人品呢？

以上我說的話，並不是追悼那個士大夫階級的崩壞，更不是希冀那種門閥訓練的復活。我要指出的是一種歷史事實。凡成為領袖人物者，固然必須過人的天資做底子，可是他們的識見地及做人風度，總得靠他們的教育訓練。一個時代有一個時代的「士大夫」，一個國家有一個國家的範型式的領袖人物。他們的高下優劣總都逃不出他們所受的教育之訓練。某種範型的訓育，自然產生某種範型的領袖。

這種領袖人物的訓育的來源，在古代差不多全靠特殊階級（如中國古代的士大夫門閥、日本的貴族門閥、歐洲的貴族階級及教會）的特殊訓練。在近代的歐洲則差不多全靠那些訓練領袖人才的大學。歐洲之有今日的燦爛文化，差不多全是中古時代留下的幾十個大學的功勞。

近代文明有四個基本源頭：（一）是文藝復興。（二）是十六、七世紀的新科學。（三）是宗教革新。（四）是工業革命。這四個大運動的領袖人物，沒有一個不是大學的產兒。

中古時代的大學誠然是幼稚得可憐，然而義大利有幾個大學都有一千年的歷史；巴黎、牛津、劍橋都有八、九百年的歷史；歐洲的有名大學，多數是有幾百年的歷史的；最新的大學，如莫斯科大學也有一百八十多年了，柏林大學是一百二十歲了。

有了這樣長期的存在，才有積聚的圖書設備、才有集中的人才、才有繼長高的學問、才有那使人依戀崇敬的「學風」。至於今日，西方國家的領袖人物，哪一個不是從大學出來的？即使偶有三、五個例外，也沒有一個不是直、間接受大學教育的深刻影響的。

在我們這個不幸的國家，一千年來，差不多沒有一個訓練領袖人才的機關。貴族門閥是崩壞的，又沒有一個高等教育的書院是有持久性的、也沒有一種教育是訓練「有爲有守」的人才的。

五千年的古國，沒有一個三十年的大學！八股試帖是不能造領袖人才的，做書院課卷是不能造領袖人才的，當日最高的教育——理學與經學考據——也是不能造領袖人才的。

現在這些東西都快成歷史陳述了，然而這些新起的「大學」，東抄西襲的課程、朝三暮四的學制、七零八落的設備、四成五成的經費、朝秦暮楚的校長、東家宿而西家餐的教員、十日一雨五日一風的學潮，也都還沒有造就領袖人才的資格。

丁文江先生的「中國政治的出路」（《獨立》第十一期）裡曾指出，「中國的軍事教育，比任何其他的教育都要落後」，所以多數的軍人都「因爲缺乏最低的近代知識和訓練，不足以擔任國家的艱巨」。其實他太恭維「任何其他的教育」了！茫茫的中國，何處是訓練大政治家的所在？何處是養成執法不阿的偉大法官的所在？

何處是訓練我們我思想大師或教育大師的所在？

領袖人物的資格，在今日已不比古代的容易了。在古代還可以有劉邦、劉裕一流的梟雄出來平定天下，還可以像趙普那樣的人妄想「用半部《論語》治天下」。在今日的中國，領袖人物必須具備充分的現代見識，必須有充分的現代訓練、必須足以引起多數人信仰的人格。這種資格的養成，在今日的社會，除了學校，別無他途。

我們到今日才感覺整頓教育的需要，真有點像「臨渴掘井」了。然而治七年之病，終須努力求三年之艾。國家與民族的生命是千萬年的。

我們在今日如果真感覺到全國無領袖的苦痛、如果真感覺到「盲人騎瞎馬」的危機，我們應當深刻的認清只有咬定牙根來徹底整頓教育、穩定教育、提高教育的這條狹路。如果我們還想讓這條路去長久埋沒於淤泥水潦之中，那麼，我們這個國家也只好長久被一班無知識、無操守的渾人，領導到沈淪的無底地獄裡去了。

一個問題

我到北京不到兩個月。這一天我在中央公園裏吃冰，幾位同來的朋友先散了；我獨自坐著，翻開幾張報紙看看，只見滿紙都是討伐西南和召集新國的話。我懶得看那些瘋話，丟開報紙，抬起頭來，看見前面來了一男一女，男的抱著一個小孩子，女的手裏牽著一個三四歲的孩子。我覺得那男的好生面善，仔細打量他，見他穿一件很舊的官紗長衫，面上很有老態，背脊微有點彎，因爲抱著孩子，更顯出曲背的樣子。他看見我，也仔細打量。我不敢招呼，他們就過去了。走過去幾步，他把小孩交給那女的，他重又回來，問我道：「你不是小山嗎？」我說，「正是。你不是朱子平嗎？我幾乎不敢認你了！」他說，「我是子平，我們八九年不見，你還是壯年，我竟成了老人了，怪不得你不敢招呼我。」

我招呼他坐下，他不肯坐，說他一家都在後面坐久了，要回去預備晚飯了。我說，「你現在是兒女滿前的福人了。怪不得要自稱老人了。」他歎口氣，說，「你看我狼狽到這個樣子，還要取笑我？我上個月見著伯安、仲實弟兄們，才知道你今年回國。你是學哲學的人，我有個問題要來請教你。我問過多少人，他們都說我有神經病，不大理會我。你把住址告訴我，我明天來看你。今天來不及談了。」

我把住址告訴了他，他匆匆的趕上他的妻子，接過小孩子，一同出去了。

我望著他們出去，心裏想道：朱子平當初在我們同學裏面，要算一個很有豪氣的人，怎麼現在弄得這樣潦倒？看他見了一個多年不見的老同學，一開口就什麼問題請教，怪不得人說他有神經病。但不知他因爲潦倒了才有神經病呢？還是因爲有了神經病所以潦倒呢？……

第二天一大早，他果然來了。他比我只大得一歲，今年三十歲。但是他頭上已有許多白髮了。外面人看來，他至少要比我大十幾歲。

他還沒有坐定，就說，「小山，我要請教你一個問題。」

我問他什麼問題，他說，「我這幾年以來，差不多沒有一天不問自己道：人生在世，究竟是爲什麼的？我想了幾年，越想越想不通。朋友之中也沒有人能回答這個問題。起先他們給我一個『哲學家』的綽號，後來他們竟叫我做朱瘋子了！小山，你是見多識廣的人，請你告訴我，人生在世，究竟是爲什麼的？」

我說，「子平，這個問題是沒有答案的。現在的人最怕的是有人問他這個問題。得意的人聽著這個問題就要掃興，不得意的人想著這個問題就要發狂。他們是聰明人，不願意掃興，更不願意發狂，所以給你一個瘋子的綽號，就算完了。——我要問你，你爲什麼想到這個問題上去呢？」

他說，「這話說來很長，只怕你不愛聽。」

我說我最愛聽。他歎了一口氣，點著一根紙烟，慢慢的說。以下都是他的話。

「我們離開高等學堂那一年，你到英國去了，我回到家鄉，生了一場大病，足足的病了十八個月。病好了便是辛亥革命，把我家在漢口的店業就光復掉了。家裏生計漸漸困難，我不能不出來謀事。那時伯安、石生一班老同學都在北京我寫信給他們，託他們尋點事做。後來他們寫信給，說從前高等學堂的老師陳老先生答應要我去教他的孫子。我到了北京就住在陳家。陳老先生在大學堂教書，又擔任女子師範的國文，一個月拿得錢很多，但是他的兩個兒子都不成器，老頭子氣得很，發憤要教育他幾個孫子成人。但是他一個人教兩處書，那有工夫教小孩子？你知道我同伯安都是他的得意學生，所以他叫我去，給我二十塊錢一個月，住的房子，吃的飯，都是他的，總算他老先生的一番好意。

「過了半年，他對我說，要替我作媒。說的是他一位同年的女兒，現在女子師範讀書，快要畢業了。那女子我也見過一兩次，人倒很樸素穩重。但是我一個月拿人家二十塊錢，如何養得起家小？我把這個意思回覆他，謝他的好意。老先生有點不高興，當時也沒說什麼。過了幾天，他請了伯安、仲實弟兄到他家，要他們勸我就這門親事。他說，『子平的家事，我是曉得的。他家三代單傳，嗣續的事不能再緩了。二十多歲的少年，那裏怕沒有事做？還怕養不活老婆嗎？我替他做媒的這頭親事是再好也沒有的。女的今年就畢業，畢業後還可在本京蒙養院教書，我已經替他介紹好了。蒙養院的錢雖不多，也可以貼補一點家用。他再要怕不夠時，我把女學堂的三十塊錢讓他去教。我老了，大學堂一處也夠我忙了。你們看我這個媒人總可算是竭力報效了。』

「伯安弟兄把這番話對我說，你想我如何能再推辭。我只好寫信告訴家母。家母回信，也說了許多『三代單傳，不孝有三，無後爲大』的話。又說，『陳老師這番好意，你稍有人心，應該感激圖報，豈可不識抬舉？』

「我看了信，曉得家母這幾年因爲我不肯娶親，心裏很不高興，這一次不過是借題發點牢騷。我仔細一想，覺得做了中國人，老婆是不能不討的，只好將就點吧。

「我去找到伯安、仲實，說我答應訂定這頭親事，但是我現在沒有積蓄，須過一兩年再結婚。

「他們去見老先生，老先生說，『女孩子今年二十三歲了，他父親很想早點嫁了女兒，好替他小兒子娶媳婦。你們去對子平說，叫他等女的畢業了就結婚。儀節簡單一點，不費什麼錢。他要用木器家具，我這裏有用不著的，他可以搬去用。我們再替他邀一個公份，也就可以夠用了。』

「他們來對我說，我沒有話可駁回，只好答應了。過了三個月，我租了一所小屋，預備成親。老先生果然送了一些破爛家具，我自己添置了一點。伯安、石生一些人發起一個公份，送了我六十多塊錢的賀儀，只夠我替女家做了兩套衣服，就完了。結婚的時候，我還借了幾十塊錢，才勉強把婚事辦了。

「結婚的生活，你還不曾經過。我老實對你說，新婚的第一年，的確是很有樂趣的生活。我的內人，人極溫和，她曉得我的艱苦，我們從不肯亂花一個錢。我們只用一個老媽，白天我上陳家教書，下午到女子師範教書，她到蒙養院教書。晚上回家，我們自己做兩樣家鄉小菜，吃了晚飯，閒談一會，我改我的卷子，她陪我坐著做點針線。我有時做點文字賣給報館，有時寫到夜深才睡。她怕我身體過勞，每晚到了十二點鐘，她把我的墨盒紙筆都收了去，吹滅了燈，不許我再寫了。

「小山，這種生活，確有一種樂趣。但是不到七八個月，我的內人就病了，嘔吐得很利害。我們猜是喜信，請醫生來看，醫生說八成是有喜。我連忙寫信回家，好叫家母歡喜。老人家果然歡喜得很，托人寫信來說了許多孕婦保重身體的法子，還做了許多小孩的衣服小帽寄來。

「產期將近了。她不能上課，請了一位同學代她。我添僱了一個老媽子，還要準備許多臨產的需要品。好容易生下一個男孩子來。產後內人身體不好，乳水不夠，不能不僱奶媽。一家平空減少了每月十幾塊錢的進帳，倒添上了幾口人吃飯拿工錢。家庭的擔負就很不容易了。

「過了幾個月，內人身體復原了，依舊去上課，但是記掛著小孩子，覺得很不方便。看十幾塊錢的面上，只得忍著心腸做去。

「不料陳老先生忽然得了中風的病，一起病就不能說話，不久就死了。他那兩個寶貝兒子，把老頭子的一點存款都瓜分了，還要趕回家去分田產，把我的三個小學生都帶回去了。

「我少了二十塊錢的進款，正想尋事做，忽然女學堂的校長又換了人，第二年開學時，他不曾送聘書來，我托熟人去說，他說我的議論太偏僻了，不便在女學堂教書。我生了氣，也不屑再去求他了。

「伯安那時做衆議院的議員，在國會裏頗出點風頭。我托他設法。他托陳老先生的朋友把我薦到大學堂去當一個事務員，一個月拿三十塊錢。

「我們只好自己刻苦一點，把奶媽和那添僱的老媽子辭了。每月只吃三四次肉。有人請我吃酒，我都辭了不去，因爲吃了人的，不能不回請。戲園裏是四年多不曾去過了。

「但是無論我們怎樣節省，總是不夠用。過了一年又添了一個孩子。這回我的內人自己給他奶吃，不僱奶媽了。但是自己的乳水不夠，我們用開成公司的豆腐漿替代，小孩子不肯吃，不到一歲就殤掉了。內人哭的什麼似的。我想起孩子之死全係因爲僱不起奶媽，內人又過於省儉，不肯吃點滋養的東西，所以乳水更不夠。我看見內人傷心，我心裏實在難過。

「後來時局一年壞似一年，我的光景也一年更緊似一年。內人因爲身體不好，輟課太多，蒙養院的當局頗說嫌話，內人也有點拗性，索性辭職出來。想找別的事做，一時竟尋不著。北京這個地方，你想尋一個三百五百的闊差使，反不費力。要是你想尋二三十塊錢一個月的小事，那就比登天還難。到了中交兩行停止兌現的時候，我那每月三十塊錢的票子更不夠用了。票子的價值越縮下去，我的大孩子吃飯的本事越大起來。去年冬天，又生了一個女孩子，就是昨天你看見我抱著的。我托了伯安去見大學校長，請他加我的薪水，校長曉得我做事認眞，加了我十塊錢票子，共是四十塊，打個七折，四七二十八，你替我算算，房租每月六塊，伙食十五塊，老媽工錢兩塊，已是二十三塊錢了。剩下五塊大錢，每天只派著一角六分大洋做零用錢。做衣服的錢都沒有，不要說看報買書了。大學圖書館裏雖然有書有報，但是我一天忙到晚，公事一完，又要趕回家來幫內人照應小孩子，那裏有工夫看書閱報？晚上我騰出一點工夫做點小說，想賺幾個錢。我的內人向來不許我寫過十二點鐘的，於今也不來管我了。她曉得我們現在所的境地，非尋兩個外快錢不能過日子，所以只好由我寫到兩三點鐘才睡。但是現在賣文的人多了，我又沒有工夫看，全靠絞腦子，挖心血，沒有接濟思想的來源，做的東西又都是百忙裏偷閑潦草做的，那裏會有好東西？所以往往賣不起價錢，有時原稿退回，我又修改一點，寄給別家。前天好容易賣了一篇小說，拿著五塊錢，所以昨天全家去逛中央公園，去年我們竟不曾去過。

「我每天五點鐘起來，——冬天六點半起來——午飯後靠著桌子偷睡半個鐘頭，一直忙到夜深半夜後。忙的是什麼呢？我要吃飯，老婆要吃飯，還要餵小孩子吃飯——所忙的不過爲了這一件事！

「我每天上大學去，從大學回來，都是步行。這就是我的體操，不但可以省錢，還可給我一點用思想的時間，使我可以想小說的布局，可以想到人生的問題。有一天，我的內人的姊夫從南邊來，我想請他上一回館子，家裏恰沒有錢，我去問同事借，那幾位同事也都是和我不相上下的窮鬼，那有錢借人？我空著手走回家，路上自思自想，忽然想到一個大問題，就是『人生在世，究竟是爲什麼的？』……我一頭想，一頭走，想入了迷，就站在北河沿一棵柳樹下，望著水裏的樹影子，足足站了兩個鐘頭。等到我醒過來走回家時，天已黑了，客人已走了半天了！

「自從那一天到現在，幾乎沒有一天我不想到這個問題。有時候，我從睡夢裏喊著『人生在世，究竟是爲什麼的？』

「小山，你是學哲學的人。像我這樣養老婆，餵小孩子，就算做了一世的人嗎？」……

民國八年

論貞操問題

——答藍志先

先生對於這個問題共分五層。第一層的大意是說：

夫婦關係，愛情雖是極重要的分子，卻不是唯一的條件。……貞操雖是對待的要求，卻並不是以愛情有無爲標準，也不能僅看做當事者兩個人的自由態度。……因爲愛情是盲目而極易變化的。這中間須有一種強迫的制裁力。……愛情之外，尙當有一種道德的制裁。簡單說來，就是兩方應當尊崇對手的人格。……愛情必經過道德的洗鍊，使感情的愛戀爲人格的愛，方能算的眞愛。……夫婦關係一旦成立以後，非一方破棄道德的制裁，或是生活上有不得已的緣故，這關係斷斷不能因一時感情的好惡隨便可以動搖。貞操即是道德的制裁人格的義務中應當強迫遵守之一。破棄貞操是道德上一種極大罪惡，並且還毀損對手的人格，絕不可以輕恕的。

這一層的大旨，我是贊成的。我所講的愛情，並不是先生所說盲目的又極易變化的感情的愛。人格的愛雖不是人人都懂得的（這話先生也曾說過），但平常人所謂愛情，也未必全是肉慾的愛；這裏面大概總含有一些「超於情慾的分子」，如共同生活的感情，名分的觀念，兒女的牽係，等等。但是這種種分子，總還要把異性的戀愛做一個中心點。夫婦的關係所以和別的關係（如兄弟姊妹朋友）不同，正爲有這一點異性的戀愛在內。若沒有一種真摯專一的異性戀愛，那麼共同生活便成了不可終日的痛苦，名分觀念便成了虛僞的招牌，兒女的牽係便也和豬狗的母子關係沒有大分別了。我們現在且不要懸空高談理想的夫婦關係，且仔細觀察最大多數人的實際夫婦關係究竟是什麼樣子。我以爲我們若從事實上的觀察作根據，一定可以得到這個斷語：夫婦之間的正當關係應該以異性的戀愛爲主要元素；異性的戀愛專注在一個目的，情願自己制裁性慾的自由，情願永久和他所專注的目的共同生活，這便是正當的夫婦關係。人格的愛，不是別的，就是這種正當的異性戀愛加上一種自覺心。

我和先生不同的論點，在於先生把「道德的制裁」和「感情的愛」分爲兩件事，所以說「愛情之外尚當有一種道德的制裁」。我卻把「道德的制裁」看作即是那正當的，眞摯專一的異性戀愛。若在「愛情之外」別尋夫婦間的「道德」，別尋「人格的義務」，我覺得是不可能的了。所以我贊成先生說的「夫婦關係一旦成立以後，非一方破棄道德的制裁（即是我所謂「眞一的異性戀愛」），或是生活上有不得已的緣故（如寡婦不能生活，或鰥夫不能撫養幼小兒女）這關係斷斷不能因一時感情的好惡隨便可以動搖。」我雖贊成這個結論，卻不贊成先生說的「貞操並不是以愛情有無爲標準」。因爲我所說的「貞操」即是異性戀愛的眞摯專一。沒有愛情的夫婦關係，都不是正當的夫婦關係，只可說是異性的強迫同居！既不是正當的夫婦，更有什麼貞操可說？

先生所說的「尊重人格」，固然是我所極贊成的。但是夫婦之間的「人格問題」，依我看來只不過是眞一的異性戀愛加上一種自覺心。中國古代所說「夫婦相敬如賓」的敬字便含有尊重人格的意味。人格的愛情，自然應該格外尊重貞操。但是人格的觀念，根本上研究起來，實在是超於平常人心裏的「貞操」觀念的範圍以外。平常人所謂「貞操」，大概指周作人先生所說的「信實」，我所說的「眞一」，和先生所說的「一夫一婦」。但是人格的觀念有時不限於此。先生屢用易卜生的「娜拉」爲例。即以此戲看來，郝爾茂對於娜拉並不曾違背「貞操」的道德。娜拉棄家出門，並不是爲了貞操問題，乃是爲了人格問題，這就可見人格問題是超於貞操問題了。

先生又極力攻擊自由戀愛和容易的離婚。其實高尙的自由戀愛，並不是現在那班輕薄少年所謂自由戀愛，只是根據於「尊重人格」一個觀念。我在美洲也曾見過這種自由戀愛的男女，覺得他們眞能尊重彼此的人格。這一層周作人先生已說過了，我且不多說。至於容易的離婚，先生也不免有點誤解。我從前在「美國的婦人」一篇裏曾有一節論美國多離婚案之故道：

……自由結婚的根本觀念就是要夫婦相敬相愛，先有精神上的契合，然後可以有形體上的結婚。不料結婚之後，方才發現從前的錯誤，方才知道他們兩人絕不能有精神上的愛情；既不能有精神上的愛情，若還依舊同居，不但違背自由結婚的原理，並且必至於墜落各人的人格。所以離婚案之多，未必全由於風俗的敗壞，也未必不由於個人人格的尊貴。

所以離婚的容易，並不是一定就可以表示不尊重人格。這又可見人格的問題超於平常的貞操觀念以外了。

先生第二層的意思，已有周作人先生的答書了，我本可以不加入討論，但是我覺得這一段裏面有一個重要觀念，是哲學上的一個根本問題，故不得不提出討論。先生不贊成與謝野夫人把貞操看作一種趣味信仰潔癖，不當他是道德。先生是個研究哲學的人，大概知道「道德」本可當作一種信仰，一種趣味，一種潔癖。中國的孔丘也曾兩次說「吾未見好德如好色者也」。他又說「知之者不如好之者，好之者不如樂之者」。這種議論很有道理，遠勝於康德那種「絕對命令」的道德論。道德教育的最高目的是要人人都能自然行善去惡，「如惡惡臭如好好色」一般。西洋哲學史上也有許多人把道德觀念當作一種美感的。要是人人都能把道德當作一種趣，一種美感，豈不很好嗎？

先生第三層的大意是說我不應該「把外部的制裁一概抹殺」。先生所指的乃是法律上消極的制裁，如有夫有婦奸罪等等。這都是刑事法律的問題，自然不在我所抹殺的「外部干涉」之內，我不消申明了。

先生第四層論續娶和離婚的限制。我也可以不辯。

先生第五層論共妻和自由戀愛。我的原文裏並沒有提到這兩個問題，《新青年》的同人也不曾有提倡這兩種問題，本可以不辯。況且周作人先生已有答書提起這一層，我在上文也略提到自由戀愛。我覺得先生對於這兩個問題，未免有點「籠統」的攻擊，不曾仔細分析主張這種制度的人心理和品格。因此我且把先生反對這種人的理由略加討論。

一、先生說，「夫婦的平等關係，是人格的平等，待遇的平等，不是男女做同樣的事才算平等。」這話固然不錯。男女不能做完全同樣的事，這是人所共知的。但是有許多事是男女都能做的。古來相傳的家庭制度，把許多極繁瑣的事看作婦人的天職：有錢的人家固然可以僱人代做，但是中人以下的人家，這是做不到的；因此往往有可造就的女子人才竟被家庭事務埋沒了，不能有機會發展他的個性的才能。歐美提倡廢家庭制度的人，大多數是自食其力的美術家和文人。這一派人所以反對家庭，正因為家庭的負擔有礙於他們才性的自由發展。還有那避姙的行為，也是為此。先生說他們的流弊可以「把一切文明事業盡行推翻」，未免太過了。

二、先生說「婦女解放是解放人格，不是解放性慾。」學者的提倡共妻制度（如柏拉圖所說），難道是解放性慾嗎？還有那種有意識的自由戀愛，據我所見，都是尊重性慾的制裁的。無制裁的性慾，不配稱戀愛，更不配稱自由戀愛。

三、先生論兒童歸公家教養一段，理由很不充足。這種主張從柏拉圖以來，大概有三種理由：甲、公家教養兒童，可用專門好手，功效可以勝過平常私家的教養，因為有無量數的父母都是不配教養子女的；乙、兒女乃是社會的分子，並不是你我的私產，所以教養兒童並不全是先生所說「自己應盡的義務」；丙、依分工互助的道理，有些願意教養兒童的人便去替公家教養兒童，有些不願意或不配教養兒童的人便去做旁的事業。先生說，「既說平等，為什麼又要一種人來替你盡那不願意教養兒童的義務呢?」他們並不說人人力才性都平等（這種平等說是絕對不能成立的），他們也不要勉強別人做不願意的事；他們只要各人分工互助，各人做自己願意做的事。

四、先生又說共妻主義的大罪惡在於「拿極少數人的偏見來破壞人類精神生活上萬不可缺的家庭制度」。這話固然有理，但是我們革新家不應該一筆抹殺「極少數人的偏見」；我們應該承認這些極少數人有自由實驗他所主張的權利。

五、先生說「共妻主義實際上是把婦女當作機械牛馬」。這話未免冤枉共妻主義的人了。我手頭沒有近代主張共妻的書，我且引柏拉圖的《共和國》中論公妻的一節為證：（Republic, 458-459）

假定你做了（這個理想國的）立法官，既然選出了那些最好的男子，就該選出一些最好的女子，要揀那些最配得上這些男子的，使他們男女同居公共的房子，同在一塊用餐。他們都不許有自己的東西；他們同作健身的運動，同在一處養育長大。他們自然會被一種天性的必要（necessity）牽引起來互相結合。我用「必要」

一個字，不太強嗎？

（答）不太強。你所謂「必要」自然不是幾何學上的必要；這種必要只有有情的男女才知道的。

這種必要對於一般人類的效能比幾何學上的必要還大的多咧。

是的。但是這種事的進行須要有秩序。在這個樂國裏面，淫亂是該禁止的。

（答）應該如此。

你的主張是要使配偶成爲最高潔神聖的，要使這種最有益的配偶成爲最高潔神聖的嗎？

（答）正是。

這就可見古代的共妻論已不曾把婦女當作機械牛馬一樣看待。近世個性發展，女權伸張，遠勝古代，要是共妻主義把婦女看作機械牛馬，還能自成一說嗎？至於先生把自由戀愛解作「兩方同意性慾關係即隨便可以結合，不受何等制度」，這也不很公平。世間固然有一種「放縱的異性生活」裝上自由戀愛的美名。但是有主義的自由戀愛也不能一筆抹殺。古今正式主張自由戀愛的人，大概總有一種個性的人生觀，絕不是主張性慾自由的。最著名的先例是William Godwin和Mary Wollstoncraft的關係。Godwin最有名的著作Political Justice是主張自由戀愛最早的一部書。他後來遇見那位女界的怪傑Mary Wollstoncraft，居然實行他們理想中的戀愛生活。Godwin書中曾說自由戀愛未必就有「亂淫」的危險，因爲人類的通性總會趨向一個伴侶，不愛雜交；再加上朋友的交情，自然會把粗鄙的情慾變高尙了。即使讓一步，承認自由戀愛容易解散，這也未必一定是最壞的事。論者只該問這一樁離散是有理無理，不該問離散是難是易。最近北京有一家夫婦不和睦，丈夫對他妻子常用野蠻無理的行爲，後來他妻子跑回母家去了，不料母家的人說她是棄婦，瞧不起她，她受不過這種嘲笑，只好含羞忍辱回她夫家去受他丈夫的虐待！這種婚姻可算得不容易離散了，難道比容易解散的自由戀愛更好嗎？自由戀愛的離散未必全由於性慾的厭倦，也許是因爲人格上有不能再同居的理由。他們既然是人格的結合，——有主張的自由戀愛應該是人格的結合！——如今覺得繼續同居有妨礙於彼此的人格，自然可以由兩方自由解散了。

以上答先生的第五層，完全是學理的討論；因爲先生提到共妻和自由戀愛兩種主張，故我也略說幾句。我要正式聲明，我並不是主張這兩種制度的；不過我是一個研究思想史的人，所以對於無論那一種學說，總想尋出他的根據理由，我絕不肯「籠統」排斥他。

民國八月四日

論女子為強暴所污

——答蕭宜森

蕭先生原書：

……學生有一最親密的朋友，他的姐姐在前幾年曾被土匪擄去，後來又送還他家。我那朋友常以此事爲他家「奇恥大辱」，所以他心中常覺得不平安；並且因爲同學知道此事，他在同學中常像是不好意思是的。學生見這位朋友心中常不平安，他就常將此事放在心中思想。按著中國的舊思想，我這位朋友的姐姐就應當爲人輕看，一生受人的侮慢，受人的笑罵。但不知按著新思想，這樣的女人應居如何的地位？

學生要問的就是：

一、一個女子被人污辱，不是她自願的，這女子是不是應當自殺？

二、若這樣的女子不自殺，她的貞操是不是算有缺欠？她的人格的尊嚴是不是被滅殺？她應當受人的輕看不？

三、一個男子若娶一個曾被污辱的女子，他的人格是不是被滅殺？應否受輕看？

一、女子爲強暴所污，不必自殺。

我們我們男子夜行，遇著強盜，他用手鎗指著你。叫你把銀錢戒指拿下來送給他。你手無寸鐵，只好依著他吩咐。這算不得儒怯。女子被污，平心想來，與此無異。都只是一種「害之中取小」。不過世人不肯平心著想，故妄信「餓死事極小，失節事極大」的謬說。

二、這個失身的女子的貞操並沒有損失。

平心而論，她損失了什麼？不過是生理上，肢體上，一點變態罷了！正如我們無意中砍傷了一隻手指，或是被毒蛇咬了一口，或是被汽車碰傷了一根骨頭。社會上的人應該憐惜而不應該輕視。

三、娶一個被污了的女子，與娶一個「處女」，究竟有什麼分別？若有人敢打破這種「處女迷信」，我們應該敬重他。

胡適簡譜

- 一八九一年，十二月十七日未時生於江蘇川沙縣（今上海浦東新區）。
- 一八九三年，隨母去台灣其父胡傳任所。
- 一八九五年，甲午戰爭爆發，隨著母親離開臺灣回上海，後回祖籍安徽績溪上庄，進家塾讀書。其父胡傳病終於廈門。
- 一九〇四年，與江冬秀訂婚，從三兄到上海，入梅溪學堂。
- 一九〇五年，進澄衷學堂。
- 一九〇六年，考取中國公學。
- 一九〇八年，入中國新公學，兼任英文教員。
- 一九一〇年，留學美國，入康乃爾大學選讀農科。
- 一九一五年，入哥倫比亞大學哲學系，師從於約翰·杜威。
- 一九一七年，年初在《新青年》上發表了《文學改良芻議》。同年，通過哲學博士學位的最後考試，回國任北京大學教授，參加編輯《新青年》，回安徽績溪與江冬秀結婚。

- **一九一九年**，接辦《每週評論》，發表《多研究些問題，少談些主義》，主張改良主義，挑起「問題與主義論戰」。
- **一九二〇年**，離開《新青年》，在南京高等師範學校（今南京大學）暑期學校講學。
- **一九二二年**，任國立北京大學教務長兼代理文科學長，創辦《努力週報》。在第二期（五月十四日）與蔡元培、李大釗、陶行知、梁漱溟等聯名發表《我們的政治主張》。
- **一九二四年**，與陳西瀅、王世傑等創辦《現代評論》周刊。
- **一九二五年**，二月，參加北京善後會議，並參與起草部分會議文件。
- **一九二六年**，與其師郭秉文等人在美國發起成立華美協進社。
- **一九二六年**，七月—一九二七年五月遊歷英國、法國、美國、日本諸國。
- **一九二七年**，正式取得哥倫比亞大學哲學博士學位。與徐志摩等組織成立新月書店。
- **一九二七年**，在上海蔣介石與宋美齡婚禮上結識蔣介石。
- **一九二八年**，創辦《新月》月刊。任中國公學校長。
- **一九二九年**，在《新月》雜誌上發表《人權與約法》一文，標誌著「人權運動」的開始，隨後發表《我們什麼時候才可有憲法——對於建國大綱的疑問》、《知難，行亦不易——孫中山先生的「行易知難」說述評》、《新文化運動與國民黨》。

- **一九三〇年**，一月胡適、羅隆基、梁實秋三人有關人權問題的文章結集為《人權論集》交新月書店出版，後被國民黨政府查禁。四月十日在《我們走那條路》中提出：「要剷除打倒的是貧窮、疾病、愚昧、貪污、擾亂五大仇敵」。
- **一九三二年**，任國立北京大學文學院院長兼中國文學系主任，並邀蔣廷黻、丁文江、傅斯年、翁文灝創辦《獨立評論》，胡適先後共為其撰寫了一三〇九篇文章。
- **一九三五年**，一月四日抵達香港，逗留五天，主要接受香港大學名譽法學博士學位
- **一九三七年**，七七蘆溝橋事變發生後，蔣介石於八月十九日要求胡適即日前往美國爭取美方對中國的支持。
- **一九三八年**，任中華民國駐美國大使。
- **一九四二年**，九月八日，辭去駐美大使一職，旅居紐約，從事學術研究。
- **一九四三年**，應聘為美國國會圖書館東方部名譽顧問。
- **一九四四年**，九月在哈佛大學講學。
- **一九四五年**，出任中華民國政府代表團代表在舊金山出席聯合國制憲會議；以中華民國政府代表團首席代表的身分，在倫敦出席聯合國教科文組織會議，制訂該組織的憲章。
- **一九四六年**，七月回到北平，任國立北京大學校長。十一月二十八日，蔣介石向國民代表大會提出《中華民國憲法草案》，並鄭重致詞，說明其要點，由大會主席團主席胡適

接受。十二月二十五日，國民大會正式三讀通過憲法草案。同日國民大會閉幕，由蔣主席代表國民政府接受胡適遞交憲法。

- **一九四八年**，十一月，中共解放軍兵臨北平城下，用電台廣播呼籲胡適留下繼續擔任北京大學校長，胡適不爲所動，依然決定離開北平，十二月十五日飛赴南京。
- **一九四九年**，三月九日，蔣介石派蔣經國赴上海訪胡適。四月，赴美國，發表《共產黨統治下絕沒有自由：跋所謂〈陳垣給胡適的一封公開信〉》，旅美時，與張愛玲相識，結下友誼；《自由中國》創刊，胡適任名義上的「發行人」。
- **一九五〇年**，應聘爲普林斯敦大學葛思德東亞圖書館館長。
- **一九五七年**，十一月，任中華民國中央研究院院長。
- **一九五九年**，兼任國家長期科學發展委員會主席。
- **一九六〇年**，《自由中國》雜誌負責人雷震被捕，胡適一度受到株連。
- **一九六二年**，二月二十四日，於中央研究院開酒會時心臟病猝發病逝，享年七十二歲。

國家圖書館出版品預行編目資料

科學人生觀／胡適 著　初版，新北市，
新視野 New Vision，2022.03
面；　公分 --
ISBN 978-626-95484-1-5（平裝）
1.CST：人生哲學

191.9　　110021944

科學人生觀
胡適　著

主　　編　林郁
出　　版　新視野 New Vision
製　　作　新潮社文化事業有限公司
電話 02-8666-5711
傳真 02-8666-5833
E-mail：service@xcsbook.com.tw

印前作業　東豪印刷事業有限公司
印刷作業　福霖印刷有限公司

總 經 銷　聯合發行股份有限公司
新北市新店區寶橋路 235 巷 6 弄 6 號 2F
電話 02-2917-8022
傳真 02-2915-6275

初　　版　2022 年 3 月